Paul M. Zulehner

Herzlichkeit in einer herzlosen Welt

Couragierte Meditationen

Patmos Verlag

Für Bischof Reinhold Stecher

Die Verlagsgruppe Patmos ist sich ihrer Verantwortung gegenüber unserer Umwelt bewusst. Wir folgen dem Prinzip der Nachhaltigkeit und streben den Einklang von wirtschaftlicher Entwicklung, sozialer Sicherheit und Erhaltung unserer natürlichen Lebensgrundlagen an. Näheres zur Nachhaltigkeitsstrategie der Verlagsgruppe Patmos auf unserer Website www.verlagsgruppe-patmos.de/nachhaltig-gut-leben

Umschlaggestaltung: Finken & Bumiller, Stuttgart
Gestaltung, Satz und Repro: Schwabenverlag AG, Ostfildern
Druck: GGP Media GmbH, Pößneck
Hergestellt in Deutschland
ISBN 978-3-8436-1517-4

Inhalt

Anspiel

Gemeinsame Gedenktage sind in Mode gekommen. So wird jährlich ein Internationaler Tag des Friedens begangen. Andere feiern den Tag der Blockflöte oder der italienischen Küche. Die Vereinigten Staaten von Amerika und Kanada begehen einen Tag der Murmeltiere. Weltweit steht ein Tag der Geschwisterlichkeit der Menschen im Kalender.

Auch Erinnerungsnächte erfreuen sich zunehmender Beliebtheit: die lange Nacht der Kirchen oder der Museen. Erinnert wird an Bedrohliches wie den Abwurf der Atombomben auf Hiroshima und Nagasaki. Die Aufmerksamkeit wird auf Gefährdetes wie die Schöpfung oder den Frieden gelenkt. Einrichtungen, die weit unter ihrem Wert für das kulturelle Leben beurteilt werden, wie Museen oder Kirchen, werben nächtens um Sympathie. Könnte es auch auf den Tag der Herzlichkeit zutreffen, dass er für etwas wirbt, das gefährdet ist – Herzlichkeit?

Tag der Herzlichkeit

Entstanden ist der Tag der Herzlichkeit im „heiligen Land Tirol" aus dem traditionellen „Herz-Jesu-Fest". Die Herz-Jesu-Verehrung, angeregt durch die französische Nonne und Mystikerin Margareta Maria Alacoque (1647–1690), war auch in Tirol kirchlich eingebürgert. Die Jesuiten sorgten für ihre Verbreitung. Große in Innsbruck lehrende Theologen wie Hugo und Karl Rahner vertieften ihr geistliches Fundament und arbeiteten heraus, dass sie das Innerste des christlichen Glaubens berührt: Gott, der ein Herz für die Welt hat, ja, im auferstandenen Christus selbst zum Herz der Welt wurde.

Als Tiroler Landesfeiertag hat das Fest eine kriegerische Vorgeschichte. Im Jahre 1796 wollten Napoleonische und Bayerische Truppen das Land Tirol besetzen. In dieser Gefahr vertraute der Landtag Tirol dem Herzen Jesu an. Andreas Hofer und seine Truppen siegten. Das Herz-Jesu-Fest sollte jährlich an diesen denkwürdigen Sieg erinnern. An diesem Tag wurden nicht nur Dankgottesdienste gefeiert. Es wurden auf den Bergen Tirols Herz-Jesu-Feuer entzündet, die ich selbst in meiner Innsbrucker Studienzeit bestaunen konnte.

Heute ist das „heilige Land" Tirol nicht mehr so fromm, wie die Mitglieder des Landtags im 18. Jahrhundert es waren. Auch beim Brauch des Herz-Jesu-Feuers geht es mehr um das beeindruckende Event als um einen feurigen Dank für den göttlichen Landesschutz.

Der Tiroler Volksbischof Reinhold Stecher prägte den Satz: „Unsere Welt ruft nach Herz!" In seinem geistigen Umfeld konnte leicht die Idee aufkommen, dem Landesfest und seinem Brauchtum eine neue Bedeutung einzustiften. Der Tag der Herzlichkeit wurde ausgerufen. Erstmals wurde er am 3. 6. 2016 begangen. Sein Ziel: „Ein Klima des Dialogs und Respekts zu fördern und eine Kultur der Herzlichkeit, Hilfsbereitschaft und des Zusammenhalts zu unterstützen".

Der Würzburger Caritasdirektor Clemens Bieber ist eine Art „Wahltiroler". Die Verleihung des Tiroler Adlers durch das Land Tirol würdigte ihn dafür. Als erfahrener Christ kannte er natürlich die Herz-Jesu-Tradition. Dank seiner Nähe zu Tirol erlebte er die Ausdünnung des Festes mit. Ihn beeindruckte daher der originelle Erneuerungsversuch in der Form eines Tages der Herzlichkeit. Ein solcher Tag werde nicht nur dem Land Tirol guttun. Vielmehr könnten seiner Überzeugung nach auch sein Land Bayern, näherhin Unterfranken, und die ihm anvertraute Diözesancaritas von einem solchen Tag viel gewinnen.

So rief er in seinem Verband im Jahre 2023, am 16. 6., einen Tag der Herzlichkeit aus und beging diesen mit den Mitarbeitenden der Caritas. Mir traute er eine inspirierende Festrede zu. Als Titel vereinbarten wir: „Herzlichkeit in einer herzlosen Welt." Ich riskierte als Untertitel: „Kardiologische Meditationen".

Offenbar war es mir gelungen, die Herzen der Zuhörenden zu berühren und zu bewegen. Der Wunsch, den

Vortrag zu verschriftlichen und zu veröffentlichen wurde an mich herangetragen. Ich verdanke es meinem langjährigen Hausverlag in Ostfildern mit meiner ständigen umsichtigen Lektorin Gertrud Widmann, dass er mich zur Veröffentlichung ermutigt hat.

Dem vorliegenden Buch liegt im Kern dieser Vortrag zugrunde. Ich habe ihn für die Publikation angereichert, ohne ihm die Leichtigkeit des gesprochenen Wortes zu nehmen. Den etwas gewöhnungsbedürftigen Untertitel „Kardiologische Meditationen" habe ich auf „Couragierte Meditationen" abgeändert. Dabei bleibt die „Kardiologie", also die medizinische Wissenschaft vom Herzen, seiner Entwicklung und Fehlentwicklungen, eine ständige Inspirationsquelle. Dazu gesellen sich als weitere Quellen alltagssprachliche Redewendungen sowie die 944 Bibelverse, in denen vom Herzen in außerordentlich vielfältiger Weise die Rede ist.

„Couragiert" ist angebracht. Denn ich wollte im Vortrag die Herzlichkeit „politisieren". Es ist gut, das eigene Herz spirituell zu pflegen und ein Leben lang ein liebendes Herz zu formen. Zugleich braucht es möglichst viele Menschen, die aus ganzem Herzen handelnd dazu beitragen, dass die Welt von morgen weniger „herzlos" ist. Auch dieses politische Handeln ist eine Form christlicher Spiritualität. Eben solches herzhaftes mystisch-politisches Verändern der Welt meine ich mit „couragiert handeln".

Das macht auch sprachlich Sinn. Denn couragiert leitet sich ab von cor und agere: Wer couragiert handelt, folgt ihrem, seinem Herzen. Wo der Tag der Herzlichkeit in dieser Weise couragiert begangen wird, ist die Welt am nächsten Tag weniger herzlos. Zumindest im Modus des entschlossenen Wünschens.

Der Aufbau dieser politischen Herzlichkeits-Meditationen ist übersichtlich. In einem ersten Teil versuche ich wie jede gute Herzärztin (Kardiologin) eine verlässliche Diagnose. Wie steht es um die Herzlichkeit in der Welt von heute? Ist sie, wie Karl Marx klagte, eine „herzlose Welt"? Oder findet sich, oft unbeachtet, berührende Herzlichkeit? Im zweiten Teil folgen als „Therapie" Inspirationen, wie die diagnostizierte Herzlosigkeit geheilt werden kann: persönlich wie politisch – und auch religiös/kirchlich.

Bing

Vor meiner Einladung nach Würzburg am 16.6.2023 hatte ich noch nie zum Thema „Herzlichkeit in einer herzlosen Welt" gesprochen. Just in der Zeit der Vorbereitung beschäftigte ich mich auch mit ChatGPT. Ich wollte prüfen, ob man sich durch Künstliche Intelligenz anregen lassen kann. Dabei war mir klar, dass KI nur das liefert, was in elektronischen Daten auffindbar ist. Der Text, den mir das Tool Bing geliefert hat, war nicht nur anregend. Aber lesen Sie selbst die künstlich erstellte Kurzansprache zum Tag der Herzlichkeit, die ich am Beginn meines Vortrags mit einer männlichen Computerstimme vorlesen ließ.

Sehr geehrte Damen und Herren,

*ich begrüße Sie alle herzlich zum „Tag der Herzlichkeit".
Heute ist ein besonderer Tag, an dem wir uns daran
erinnern, wie wichtig es ist, freundlich und respektvoll
miteinander umzugehen.*

*In einer Welt, die oft von Hektik und Stress geprägt ist,
kann es schwierig sein, sich auf das Wesentliche zu
konzentrieren und die Bedürfnisse anderer zu berück-
sichtigen. Aber gerade in diesen Zeiten ist es wichtiger
denn je, dass wir uns gegenseitig unterstützen und
füreinander da sind.*

*Ich möchte Sie ermutigen, heute und jeden Tag ein
offenes Herz zu haben und Ihre Mitmenschen mit
Freundlichkeit und Respekt zu behandeln. Denn nur so
können wir eine bessere Welt schaffen.*

*Ich glaube auch daran, dass Gott ein Herz für die
Menschen hat und uns immer zur Seite steht. In diesem
Sinne sollten wir uns auch an ihm orientieren und uns
von seiner Liebe leiten lassen.*

*Ich danke Ihnen für Ihre Aufmerksamkeit und wünsche
Ihnen einen schönen „Tag der Herzlichkeit".*

Den Absatz, dass auch Gott ein Herz für die Menschen hat, hat Bing erst hinzufügt, als ich das Tool aufforderte, Gott mitzuberücksichtigen.

Das Auditorium applaudierte. Ich wusste allerdings nicht so recht, ob wegen meiner mutigen Idee, KI zu konsultieren, oder wegen des gelieferten Inhalts. Mich selbst hat die Bing-Festrede unangenehm nachdenklich gestimmt. Ich fand sie (allzu) harmlos, brav, banal, in einem schlechten Sinn „bürgerlich". Letztlich herzlos.

Was mich am meisten irritierte: Der von KI gelieferte Text war völlig unpolitisch. Das beunruhigte mich, weil Bing nichts anderes wiedergibt, als an veröffentlichtem Material vorliegt. Solches Unbehagen bestärkte mich in meiner Absicht, in meinem Vortrag über Herzlichkeit in einer herzlosen Welt politisch zu meditieren. Ich bin überzeugt, dass wir das der Welt von heute schuldig sind.

Dabei setzt gewiss ein politischer Einsatz für eine weniger herzlose Welt Menschen voraus, die in ihrem Herzen eine Leidenschaft für eine bessere Welt haben. Als gläubiger Christ gesagt: Menschen, welche die Leidenschaft Gottes für seine Welt (Joël 2,18) couragiert teilen.

1. Teil: Diagnose

Der Moskauer Patriarch Kyrill I. rechtfertigt seine Unterstützung des russischen Angriffskriegs gegen die Ukraine damit, dass Russland und mit ihm die Russisch-Orthodoxe Kirche einen metaphysischen Kampf gegen das Böse in der Welt, genauer im Westen führe. Das ist ein ebenso altes und leider auch von Religionen viel zu oft eingesetztes missionarisches Muster. Die Welt ist schlecht, die Menschen sind böse; Russland ist gut, der Westen böse. Dabei stehen selbstredend die Religionen für das Gute.

Dieser missionarische Trick wurde auch in der Waschmittelwerbung verwendet: „Zwing Grau raus und Weiß rein." Religionen stehen für Herzlichkeit – und sie sollen Herzlichkeit in eine herzlose Welt einbringen. Auch mein Buchtitel scheint in diese Falle zu tappen.

Ich werde versuchen, dass dies im vorliegenden Buch nicht geschieht. Gut und Böse sind nämlich, so meine feste Überzeugung, anders verteilt. Sowohl die „Welt" wie auch die Religionen sind immer beides, gut und böse zugleich. Eine gute Theologie sieht auch die Kirche so: Sie ist zugleich heilig und sündig; im Wortlaut von Martin Luther: „simul iustus et peccator", gerecht und sündig in Einem. Und wenn ein internationaler Aufruf, den ich mit Tomáš Halík und Annette Schavan 2022 veröffentlicht habe, den Titel „Religionen – Hoffnung in einer taumelnden Welt" trägt, dann heißt das nicht, dass die Religionen die einzige Hoffnungsquelle in einer hoffnungsarmen Welt sind. Noch mehr: Religionen waren und sind nicht immer Teil der Lösung, sondern viel zu oft Teil des Problems, also auch der Herzlosigkeit.

Es war der große Konzilspapst Johannes XXIII., der sich in seiner Einberufungsrede entschieden gegen die kirchlichen wie weltlichen „Unglückspropheten" (die englische Sprache hat dafür das lautmalerische Wort „calamity-howlers") sowie gegen die weltverachtenden Kassandrarufer gewandt hat. Das epochale Konzilsdekret über die Kirche in der Welt von heute „Gaudium et spes" folgte ihm darin. Es setzt Freude und Hoffnung vor und neben Trauer und Angst, ohne diese Stimmungen gegeneinander auszuspielen. Und auch die Würzburger Synode (1972–1975) mahnt in ihrem großartigen Dokument „Unsere Hoffnung": „Die ‚Welt' braucht keine Verdoppelung ihrer Hoffnungslosigkeit durch Religion; sie braucht und sucht (wenn überhaupt) das Gegengewicht, die Sprengkraft gelebter Hoffnung."

Das ist der Grund, warum ich ganz im Sinn chinesischer Medizin diagnostisch nicht nur auf die Krankheiten unserer Welt von heute, also ihre Herzlosigkeiten schaue, sondern auch die gesunden Kräfte wahrnehme, um gerade sie zu stärken. In die gleiche Richtung raten alte spirituelle Meister: Kämpfe nicht gegen das Böse in dir, sondern stärke das Gute: Deine Kraft zu lieben.

Damit leugne ich nicht die vielen Herzlosigkeiten in der heutigen Welt. Aber die Diagnose „Herzlosigkeit" wäre nur die halbe „kardiologische Weltdiagnose". Es gibt, untrennbar mit der herzlosen Welt verwoben, eine Welt mit Herz. Mit wenigen Pinselstrichen versuche ich sie zu zeichnen.

Welt mit Herz

Man kann ein „Herz für" alles Mögliche haben. Eine Internetrecherche zeigt eine unglaubliche Bandbreite. Nähere ich mich meiner Heimatstadt auf der Autobahn, begrüßt mich ein Plakat mit „Ein Herz für Wien". Die Fremdenverkehrswerbung verwendet das „Herz für" auch für die Steiermark, Graz oder Österreich. Ähnlichem begegne ich in anderen Ländern.

Um die Herzen und Geldbörsen für die leidgeprüfte Ukraine zu öffnen, wirbt der Verein „Herz für die Ukraine". Es bleibt aber nicht nur bei Orten und Ländern. „Herz für" taucht auf in Verbindung mit Grab, Hochzeit, Insta-Bio, Freundschaft, Blasmusik, sogar Monster. Drei Herzlichkeiten greife ich im Folgenden heraus: Herz für Kinder, Herz für Tiere und Herz füreinander.

Ein Herz für Kinder

Ist es eine Feststellung oder eine Aufforderung? Wenn ich lese: „Ein Herz für Kinder" – ist damit gemeint, in unserer Gesellschaft haben wir ein Herz für sie oder besser sollten wir eines haben? Wahrscheinlich trifft beides zu. Es finden sich unglaublich viele Väter und Mütter, Großeltern und Angehörige, die ein Herz für die Kinder in familialem Kreis haben. Dazu kommen die vielen Pädagoginnen und Pädagogen in vielfältigen Bildungseinrichtungen, die ein Herz für die ihnen Anvertrauten haben und deren menschliche Entwicklung nach Kräften fördern.

Es gibt aber auch die dunkle Seite. Körperliche und sexuelle Gewalt gegen Kinder ist gerade in den kleinen familialen Lebenswelten verbreitet. Auch gerade hier wird solche Gewalt gegen Kinder vertuscht: nicht nur in Sportvereinen, Schulen oder Kirchen. Die Leiden der Kinder macht unser Motto zum Schrei: Habt ein Herz für Kinder! Zerstört und verwundet keine verletzlichen Kinderherzen.

Manche Einrichtungen, die das Herz in ihrem Namen tragen, schauen über den familialen Tellerrand hinaus. Sie weisen auf die wachsende Zahl von armutsgefährdeten Kindern selbst in unseren reichen Ländern hin. Bilder von ausgehungerten, aber auch durch Kinderarbeit oder als Kindersoldaten ausgebeuteten Kindern gehen durch die Medien. Sind Kindergärten oder Schulen unter den Zielen krimineller russischer Raketenangriffe, wird mit Betroffenheit auf sie verwiesen.

Am 27. 8. 2016 ging ein bedrückender Film viral. Er zeigte, wie aus einem durch eine Bombe zerstörten Hochhaus in Aleppo der fünfjährige Omran Daqneesh gerettet wurde. Er war eines von fünf Kindern, die bei einem Luftangriff verletzt wurden. Dreckig und voller Blut sitzt er völlig verstört im Krankenwagen. Er greift mit der Hand auf seine Wange, schaut sie an und sieht erschrocken, wie diese voller Blut ist. Omran wurde weltweit zum Symbol der Schrecken des immer noch wütenden herzlosen syrischen Bürgerkriegs.

Der zweijährige Aylan Kurdi aus Damaskus war am 2. September 2015 tot an die türkische Küste angeschwemmt worden. Das Boot, mit dem seine vierköpfige Familie über die Ägäis flüchten wollte, war gekentert. Die Schlepper hatten viel Geld genommen, aber keine Schwimmwesten verteilt. Aylans Mutter Rehanna und sein fünfjähriger Bruder Ghalib ertranken ebenso. Nur sein Vater Abdullah überlebte schwer traumatisiert.

Viele Menschen haben ein Herz für Kinder, vorab die eigenen. Das bedrückende Schicksal vieler Kinder drängt uns aber dazu, die Reichweite unseres Herzens auf die vielen leidenden Kinder der einen Menschheit auszuweiten.

Ein Herz für Tiere

Vor allem in Großstädten leben viele Menschen mit Tieren. Für manche, denen keine Kinder geschenkt wurden oder wo die Kinder aus dem Haus sind, sind Haustiere wichtige Bezugswesen. Personen, die mit Tieren leben, sorgen sich um ihre mehrbeinigen Mitbewohner. Tierärzte in reichen Stadtvierteln sind dank voller Wartezimmer zumeist betucht. In ganz alltäglicher Weise haben solche Menschen ein Herz für Tiere.

Die Haustiere leisten ihrerseits ihren „Herrchen" und „Frauchen" vielgestaltige gute Dienste. Eine meiner ehemaligen Theologiestudentinnen hält Pferde und bietet für Kinder und psychisch Kranke Hippotherapie an. Nicht wenige Menschen werden durch ihre Haustiere vor unerträglicher Einsamkeit bewahrt. Wie Menschen ein Herz für Tiere haben, haben Tiere ein Herz für Menschen.

Es gibt eine weitere Ähnlichkeit zwischen Kindern und Tieren: Wie bei Kindern gibt es leider auch vernachlässigte und misshandelte Tiere. In der Pandemie haben sich viele einen Hund „angeschafft". Als die Weltseuche vorüber war, landeten nicht wenige dieser Pandemiehelfer in einem Tierheim oder wurden einfach ausgesetzt. So wird das Motto „Ein Herz für Tiere" zur Aufforderung, sich mehr für das Tierwohl einzusetzen. Es braucht eine gediegene Tierethik. Vielleicht auch eine Theologie der Tiere? Eugen Drewermann ist überzeugt, dass Tiere in den Himmel kommen. Karl Rahner hätte ihm zugestimmt. Denn alles Großartige der alten vergänglichen Welt wird gewandelt in der kommenden unvergänglichen Welt aufgehoben sein.

Aufrufe, ein Herz für Tiere zu haben, erhalten durch die ökologische Krise eine neue Dringlichkeit. Der Lebensraum vieler Tiere wird immer kleiner. Pestizide bedrohen die Insekten. Jährlich sterben unzählige Arten aus. Der Aufruf „Ein Herz für Tiere" betrifft heute nicht mehr nur einzelne Tiere, „Pfoten", „Streuner" und „Hunde". Es ist ein Hilfeschrei wahrer Tierliebhaberinnen für bedrohte Arten, Schimpansen (wie Jane Goodall), Alpakas oder Fellnasen.

Ein Herz füreinander

Was wäre das Abenteuer der Liebe zwischen Menschen ohne das Herz! In den sozialen Medien senden Herzemojis in unzähligen Variationen wortlos Herzensbotschaften.

Es fühlt sich gut an, bewegt, versetzt geradezu in einen euphorischen Ausnahmezustand, das Herz an jemanden zu verlieren. Man spürt Herz an Herz. Herzklopfen. Es ist, wie wenn einem jemand am Wegufer der Zeit seine Seele wie einen Arm um die Schultern legt. Wortbilder umsingen, was liebenden Herzen widerfährt. Das Herz kann ausreißen; es bewundert und bestaunt, ist wundgeliebt. Es sind Erfahrungen, die in tastenden Worten widerhallen:

> *Am Ufer*
> *hinunter geh ich*
> *zum fluss der zeit*
> *und finde dich an seinem ufer*
> *ich wasche meine erinnerung*
> *in seinem wasser*

über uns sternenäugig der himmel
und mondlicht von gestern
meine seele leg ich dir
um die schultern

Am Morgen
wundgeliebt
ist mein
inneres
überflutet
von sehnsucht
schmerz
und blut
raum
und
zeit
vermögen
mich
nicht
zu
halten
ausgerissen
ist mein
herz
hin zu dir
weitworte
lindern
mein leid

wundgeliebt
ist mein
inneres

Tanz mit der Fremden
da war sie vor mir
zufall von nirgendwoher
bewundert mit staunendem herzen
zaghafte schritte zuerst
sie formen sich
unwiderstehlich
zum tanz
erfassen die seelen
die fremd
nicht befremdlich
einander erliebend
fernnah
der tanz immer wilder
verebbt in randvollem schweigen
wann
sag fernnahe
wird hell dein geheimnis

Neben dem Spiel, guter Arbeit und dem Erkennen zählt die Liebe zu jenen „moments" (Henri Lefebvre: Kritik des Alltagslebens, 1955), in denen wir Raum und Zeit vergessen und wünschen, dass solche Augenblicke verweilen, weil sie so schön sind (Johann Wolfgang von Goethe im

Faust). Diese ins Leben eingestreuten „Feste" geben diesem verrinnenden Leben einen tragfähigen Sinn.

Feste der Liebe werden seit Menschengedenken begangen und besungen. Die Herzen der Liebenden werden zu den Protagonisten des Spiels. Das Hohelied der Liebe, dem König Salomo zugeschrieben, preist in bezaubernder Poesie das betörende Spiel der Liebenden:

> *„Leg mich wie ein Siegel auf dein Herz, /*
> *wie ein Siegel auf deinen Arm,*
> *denn stark wie der Tod ist die Liebe, /*
> *die Leidenschaft ist hart wie die Unterwelt!*
> *Ihre Gluten sind Feuergluten, / gewaltige Flammen.*
> *Mächtige Wasser können die Liebe nicht löschen, /*
> *auch Ströme schwemmen sie nicht hinweg.*
> *Böte einer für die Liebe den ganzen Reichtum seines*
> *Hauses, / nur verachten würde man ihn." (Hld 8,6–7)*

Die Liebe ist aber nicht nur ein Ort von Freudenlust, sondern gebiert vielfältige Leiden. Sie ist auch eine Leidenschaft, die Leiden schafft. Nicht zufällig sagen wir einem Menschen, den wir lieben: Ich kann dich gut leiden. Liebesfreud und Liebesleid sind wie Zwillinge. Wahre Liebe kennt gute und böse Tage und hält diese aus. Sie wehrt sich gegen das Outsourcen der bösen Tage, von Herzschmerz, „Herzensnot" und „Herzwunden". Eine solche Liebe „erträgt alles, glaubt alles, hofft alles, hält allem stand. Die Liebe hört niemals auf." (1 Kor 13,7f.)

Und doch kann Liebe sterben. Herzen werden gebrochen. Vom Grab der Liebe ist die Rede. Kann tote Liebe auch auferstehen? Es wäre ein Wunder – manchmal geschieht es.

Für den Mystiker aus Neumexiko Richard Rohr sind „great love and great suffering" (großes Lieben und großes Leiden) jene Ereignisse, in denen Gott sich versteckt und somit ganz nahe erfahren werden kann.

Herzlose Welt

Die Welt ist beides, voll von Herzlichkeit und zugleich immer auch herzlos. In den folgenden diagnostischen Nachdenklichkeiten fällt der Blick auf diese dunkle Seite unserer Welt: ihre herzlosen Anteile.

Es war der sozial hochsensible Karl Marx, der das Bildwort von der „herzlosen Welt" für seine Kritik an der Religion verwendete. Vier Jahre vor der Veröffentlichung seiner epochalen Kampfschrift „Kommunistisches Manifest" im Jahre 1848 kritisierte er die Rechtsphilosophie seines Lehrers Georg Wilhelm Friedrich Hegel und ging dabei auf die Rolle der Religion ein:

> *„Das religiöse Elend ist in einem der Ausdruck des wirklichen Elendes und in einem die Protestation gegen das wirkliche Elend. Die Religion ist der Seufzer der bedrängten Kreatur, das Gemüt einer herzlosen Welt,*

wie sie der Geist geistloser Zustände ist. Sie ist
das Opium des Volks.

Die Aufhebung der Religion als des illusorischen Glücks
des Volkes ist die Forderung seines wirklichen Glücks.
Die Forderung, die Illusionen über seinen Zustand auf-
zugeben, ist die Forderung, einen Zustand aufzugeben,
der der Illusionen bedarf. Die Kritik der Religion ist also
im Keim die Kritik des Jammertales, dessen Heiligen-
schein die Religion ist." (Karl Marx: Zur Kritik der Hegel-
schen Rechtsphilosophie; in: Deutsch-Französische
Jahrbücher 1844, 71f. [MEW 378f.])

Marx geht es in diesem viel zitierten Text nicht um die
Wahrheit der Religion, auch nicht um die Frage nach
Gott, wenngleich er persönlich trotz Abitur in Religion
und guter Kenntnis des Alten Testaments nicht an Gott
glaubte. Er analysierte vielmehr die Bedeutung der Religion als Lesehilfe für das Elend und zugleich als Protest
gegen dieses. Religion ist für ihn wie ein Spiegel, in dem
man indirekt erkennen kann, wie sehr das junge In-
dustrie-Proletariat ausgebeutet und unterdrückt wird.

Der slowenische Soziologe Marko Kersevan, mit dem
zusammen ich Humboldt-Stipendiat war, wendete die
Analyse von Karl Marx gegen die Verantwortlichen in
Staaten, in denen Kommunisten seit Jahrzehnten regieren
(Marko Kersevan: Religion und Kirche in der slowenis-
chen Zivilgesellschaft nach 1990, in: Pollack, Detlef/

Borowik, Irena/Jagodzinski, Wolfgang [Hrsg.]: Religiöser Wandel in den postkommunistischen Ländern Ost- und Mitteleuropas, Würzburg 1998, 371–394). In vielen Ländern ihres Machtbereichs sei, so der Marxismus-freundliche Soziologe, die Religion nach wie vor lebendig. Kersevan nun zog aus dem Fortbestehen der Religion den Schluss, dass es offenbar dem Kommunismus auch nicht gelungen sei, das Elend zu beseitigen. Er verwendete die Marx'sche Religionskritik zur Kritik am Versagen des Kommunismus.

Inzwischen haben die christlichen Kirchen die Marx'sche Lektion verstanden und beherzigt. Sie weigern sich, als Opium für das ausgebeutete Volk zu dienen. Die Theologien der Befreiung, deren argentinischer Variante Papst Franziskus zugetan ist, rufen zu globaler Gerechtigkeit und zum Kampf gegen alle Formen der Ausbeutung, Kolonialisierung und Unterdrückung auf.

Leider gilt diese Aussage nicht für alle Teile der Kirche von heute. Es gibt nach wie vor Kreise, denen es allein darum geht, dass die Menschen in den Himmel kommen. Dass es Jesus darum ging, dass der Himmel auf die Erde kommt, schon jetzt, wenigstens in Spuren, darüber schweigen sie sich fromm hinweg. Zu den Himmelsgeschenken zählen aber Friede, Gerechtigkeit, Bewahrung der Schöpfung. Gerade diese drei Himmelgeschenke, welche die Welt Reich-Gottes-förmiger und damit menschlicher machen könnten, könnte die herzlose Welt von heute dringlicher denn je brauchen.

So soll im Folgenden in gebotener Übersichtlichkeit eine knappe Diagnose der Herzlosigkeiten der Welt von heute vorgelegt werden. Herzlos, so meine Position, sind Kriege, ist der Klimanotstand und ist die anwachsende Migration von schutzsuchenden Menschen. Diese drei Herzlosigkeiten werden von den einschlägigen Wissenschaften Megachallenges oder Megathreats (Nouriel Roubini, Megathreats: 10 Bedrohungen unserer Zukunft – und wie wir sie überleben, München 2022) genannt. Sie bedrohen den Fortbestand der Menschheit. Es sind jene Herausforderungen, die bei einer Tagung in Lviv just am 24. 2. 2022, dem Tag des Beginns des völkerrechtswidrigen Angriffskrieges der russischen Machthaber auf die Ukraine, den amerikanischen, in Paris lehrenden Sozialethiker Peter McCormick zu sagen veranlasste: „We are living in a tumbling world" (Wir leben in einer taumelnden Welt). Es war wie eine ungeplante Bestätigung seiner bedrängenden Diagnose, dass nach ihm der Kongress wegen Luftalarms abgebrochen werden musste.

Verheerende Kriege

Gegenwärtig werden an vielen Orten der Welt brutale Kriege geführt: in Mali, Eritrea, Palästina, im Jemen, in Syrien, in der Ukraine, um nur einige zu nennen. Diese schaffen herzzerreißendes Leid. Ich will das nicht mit Zahlen oder Nachrichten über Tote und Verwundete vergegenwärtigen, die derzeit Tag um Tag zu hören sind. Ich berichte vielmehr über das oft übersehene Leid junger

Menschen. Sie wissen nicht, wie es mit ihnen in Zukunft weitergeht. Ihre Biographie ist instabil und unvorhersehbar geworden. Ich finde dieses Leid ganz nah bei meinen Studierenden aus der Ukraine wie aus Russland. Schon in der Covidzeit mussten viele Seminare online abgehalten werden. Das kam uns nach dem Ausbruch des Ukrainekriegs zugute. So treffen Studierende aus Moskau wie aus Lviv einander online im gemeinsamen Forschungsseminar. Ich begrüße die Teilnehmenden im Onlineseminar mit der zuversichtlichen Feststellung: „Today we are an island of peace!" Zugleich treffe ich mich im Netz mit den Studierenden aus der Ukraine. Es sind tief spirituelle Gespräche zwischen Angst und Zuversicht.

So will ich, um die Herausforderung des verheerenden Kriegs nahezubringen, Geschichten dieser Studierenden erzählen. Dies mache ich, weil für unser Erkennen, noch mehr für die Bewegung unseres Herzens, nichts so hilfreich und wirksam ist wie Einzelgeschichten. Deshalb konnte der Film „Schindlers Liste" eine derart starke Wirkung entfalten. Schindlers Geschichte hat berührend nahegebracht, wie herzlos und damit vernichtend der Nationalsozialismus und der durch ihn angezettelte Zweite Weltkrieg praktisch war. Gesichter und Geschichten sind für unser Lernen entscheidend.

Das sind nun Erzählungen von Studierenden sowohl aus Russland wie aus der Ukraine darüber, wie es ihnen in ihrer politisch zugespitzten Lage geht. Eine der Ukrainerinnen namens L. hat ihr Doktorat schon abgeschlossen.

Bei einem Onlinetalk teilt sie uns mit: „Ich habe eine Nachbarin. Sie bekam gestern die Nachricht vom Tod ihres Mannes. Am nächsten Tag hat sie ihr erstes Kind geboren."

E. lebt in Moskau. Sie fehlte in einem Onlineseminar. Deshalb rufe ich sie nächsten Tag an. Das geht gottlob über Skype noch immer ganz mühelos. Entschuldigend erzählte mir die Doktorandin, warum sie beim Forschungsseminar nicht dabei sein konnte. Am Morgen unserer Lehrveranstaltung ist ihr Mann von einer Dienstreise zurückgekommen. Er findet den Einberufungsbefehl auf dem Schreibtisch und flieht umgehend nach Kasachstan. Inzwischen erwartet sie ihr erstes Kind, wegen des Krieges früher als ursprünglich geplant. Sie sagte mir auch: „Wenn ich ein T-Shirt anziehe und damit in Moskau auf die Straße gehe, auf dem ,peace' aufgedruckt ist, sitze ich 15 Jahre im Gefängnis!"

Hier noch eine weitere, mich sehr berührende Geschichte über L., eine weitere Promovendin aus der Ukraine. Sie hat als Stipendiatin des Pastoralen Forums, einem mit Kardinal Franz König gegründeten Verein zur Förderung der Kirchen in Ost(Mittel-)Europa, eine Studentenwohnung in Wien. Wegen der Covid-Pandemie ist sie zu Hause. Dann bricht der Krieg aus. Ihre Familie sagt: „Nimm den Vierjährigen und gehe in deine Studentenwohnung nach Wien. Dort ist er sicher!" L. kaufte zwei Tickets und geht mit dem Vierjährigen und ihrem Gepäck zum Bahnhof. Dann sitzen die beiden drei Tage in den eiskalten Unterführungen des Lemberger Bahnhofs.

Trotz Fahrkarten konnten sie wegen der eben einsetzenden riesigen Fluchtbewegung keinen Platz im Zug erhalten. Endlich ergattert sie mit ihrem Buben einen Stehplatz in einer überfüllten Garnitur. Diese fährt nicht den kürzeren Weg über Polen, sondern mit vielen Aufenthalten auf freier Strecke über Budapest nach Wien. Spät abends kommen sie in die Studentenwohnung. Da setzt sich der kleine P. auf den Boden, nimmt eine Tüte, packt das Spielzeug ein und sagt: „Und jetzt will ich sofort heim zu meinem Papa!"

Ein oft übersehenes Opfer des Krieges ist die Fähigkeit zu lieben, statt zu hassen. Der Zugang zu Gott wird verschüttet. Ich verstehe, wenn die gläubige Doktorin K. in einem Blog-Eintrag am Karfreitag 15. 4. 2022 klagt: „Ich kann nicht beten. Ich frage mich immer wieder, warum Gott das zulässt." Wo versteckt sich Gott in dieser herzlosen Welt, die in Kriegen so viel Leid und Tränen verursacht? Vielleicht hat Jonathan Wittenberg, Rabbiner der North London New Synagogue, in seiner überraschenden jüdischen Denkweise Recht, wenn er im Londoner Guardian am 28. 2. 2023 schrieb: „Maybe Patriarch Kirill's God – like so many of those soldiers sent mercilessly to their deaths in a war they don't understand – is a conscript too, co-opted into a godless cause?" („Vielleicht ist Patriarch Kirills Gott – wie so viele dieser Soldaten, die in einem Krieg, den sie nicht verstehen, gnadenlos in den Tod geschickt werden – auch ein Wehrpflichtiger, der für eine gottlose Sache kooptiert wird?")

Es sind Geschichten von einer wegen brutaler Kriege herzlosen Welt. Mir gehen diese Geschichten zu Herzen.

Klimanotstand

Mir kommt das Wort Klimakrise viel zu harmlos daher. Besser trifft die zweite große Herausforderung der Welt das Wort „Klimanotstand".

Wir verwunden herzlos unsere Natur, von der, mit der und in der wir leben, mit der wir tief verbunden sind. So lehrten uns Aristoteles oder Bonaventura, später Ken Wilber, der Vordenker der Integralen Theorie: Es gebe eine „chain of being" (Kette des Seins). Alles Sein ist tief miteinander verwoben, von der Materie bis zu Gott.

Diese tiefe Einheit im Sein hat weitreichende Auswirkungen. Sie ist die anthropologische und ethische Grundlage für die Vision von universeller Solidarität, der wir uns immer nur schrittweise annähern. Theologisch formuliert: „Wenn nur ein Gott ist, ist jeder einer von uns." Der zweijährige Aylan Kurdi, der in der Ägäis ertrunken ist, war einer von uns.

Verbunden sind auch die Generationen untereinander. Wenn wir die Mitwelt zur ausbeutbaren Umwelt degradieren und zerstören, stehlen wir auch der nächsten Generation die bewohnbare Zukunft. Auch diese Missachtung der Jungen ist neben der Einsamkeit der Alten in vielen Gesellschaften ein Aspekt der Herzlosigkeit unserer Welt. Ich habe Verständnis für den aggressiven Protest der jungen Generation, die sich geradezu apokalyptisch die „letzte Generation" nennt und in der Wahl ihrer Mittel nicht gerade zimperlich ist.

Klimaforscher vom IPCC (Intergovernmental Panel of Climate Change) der UN warnten in ihrem letzten und inzwischen sechsten Bericht aus dem Jahre 2023, dass die Welt knapp vor irreversiblen Kipppunkten steht: Das Eis der Arktis schmilzt, der Permafrost taut auf, Regenwälder werden abgeholzt, die Meeresströme und die Erdatmosphäre erwärmen sich. Die wissenschaftlichen Klimaberichte des IPCC werden anschließend politisch evaluiert. Leider entschärft zumeist die Politik die warnenden Analysen der Wissenschaft.

Die Anzeichen des Klimanotstandes sind inzwischen unübersehbar. Den menschlichen Anteil am Klimanotstand zu leugnen, wird immer faktenwidriger. Viele Menschen spüren diese bedrohlichen klimatischen Entwicklungen immer mehr in ihrem Alltagsleben. In Europa brennen Wälder. Flüsse haben noch nie dagewesenes Niedrigwasser. Andernorts kommt es zu katastrophalen Überschwemmungen. Weil Mais und Weizen aus der Ukraine nicht unbehindert verschifft werden können, wird der Hunger in vielen Teilen der Welt verschärft. Weltweit steigen die Energiepreise. Die durch Inflation angeheizten Lebenshaltungskosten werden selbst in reichen Ländern für die wachsende Zahl der Schwächeren unerschwinglich.

Es macht mich betroffen, wenn ich im Stundengebet auf diesen biblischen Text stoße:

Die Völker gerieten in Zorn. /
Da kam dein Zorn und die Zeit, die Toten zu richten,
die Zeit, deine Knechte zu belohnen, /
die Propheten und die Heiligen
und alle, die deinen Namen fürchten, /
die Kleinen und die Großen, /
die Zeit, alle zu verderben, die die Erde verderben.
(Offb 11,18)

Meine Betroffenheit hat damit zu tun, dass ich auch mich selbst nicht aus dem bedrohlichen Text über Gottes „heiligen Zorn" über den Umgang mit seiner Schöpfung privat herausstehlen kann und auch nicht will. Denn an der Verwundung unserer Mitwelt, die wir im grenzenlosen Wachstumswahn zur ausbeutbaren Umwelt erklärt haben, tragen nicht nur die globalen Konzerne Schuld, sondern auch wir alle, die gefügigen Konsumentinnen. Zwar ist die Zustimmung zu hehren ökologischen Lebensmustern in den europäischen Bevölkerungen in den letzten Jahren gestiegen. Aber mir und vielen anderen geht es gar oft wie dem Apostel Paulus, der im Römerbrief klagt:

Denn was ich bewirke, begreife ich nicht: Ich tue nicht
das, was ich will, sondern das, was ich hasse. Wenn ich
aber das tue, was ich nicht will, erkenne ich an, dass
das Gesetz gut ist. Dann aber bin nicht mehr ich es,
der dies bewirkt, sondern die in mir wohnende Sünde.
Ich weiß nämlich, dass in mir, das heißt in meinem

Fleisch, nichts Gutes wohnt: Das Wollen ist bei mir vorhanden, aber ich vermag das Gute nicht zu verwirklichen. Denn ich tue nicht das Gute, das ich will, sondern das Böse, das ich nicht will, das vollbringe ich. Wenn ich aber das tue, was ich nicht will, dann bin nicht mehr ich es, der es bewirkt, sondern die in mir wohnende Sünde. (Röm 7,15–20)

Der Weg vom Wollen zum Handeln ist offensichtlich weit. Für uns alle. Hoffentlich bekehren wir uns ökologisch nicht zu spät. Das Ringen auf der COP28 letztes Jahr in Dubai war ein Schritt in die richtige Richtung, aber zu viele ökonomische Interessen bremsen das erforderliche Tempo.

Im August 2023 kam es in Österreich und Slowenien zu sintflutartigen Regenfällen. Flüsse traten über die Ufer, Brücken wurden weggeschwemmt, Keller überflutet. Häuser mussten evakuiert werden. Selbst als der Pegel der Flüsse fiel, konnte keine Entwarnung gegeben werden. Viele Hänge waren derart mit Wasser getränkt, dass sie ins Rutschen gerieten und Häuser mit sich rissen. In diese katastrophalen Nachrichten hinein mengte sich eine zuversichtliche Meldung. Es wurde in Eile eine App erstellt. In diese konnten sich Menschen eintragen, die sich zum Helfen zur Verfügung stellten. In kurzer Zeit haben sich viele gemeldet. Auch die internationale Gemeinschaft, die Europäische Union wie die NATO stellten Geräte und Finanzmittel zur Verfügung. Die Not vieler, die alles verloren haben, Gemeinden, deren Infrastruktur schwer beschädigt wurde, ein europäisches Land, das zu zwei Drittel vom Hochwasser betroffen war, haben eine Welle privater und politischer Solidarität erzeugt. Inmitten des Klimanotstandes macht das Hoffnung. Auch ist die Katastrophe eine wichtige ökologische Lektion. Die Nachricht: Es gilt keine Zeit mehr zu verlieren. Die Kosten des Klimanotstandes übersteigen sonst bei Weitem das, was eine entschlossene ökologische Umkehr kostet.

Migration

N. ist aus Afghanistan. Ihr Vater war von den Taliban getötet worden. Weil sie auch um ihr Leben und das der Kinder fürchtet, flieht die Mutter mit ihr und ihrem Bruder zunächst in den Nordiran und von dort über die Türkei nach Europa. In der Türkei verlieren die beiden Kinder den Kontakt zu ihrer Mutter. Sie kommen als unbegleitete Flüchtlingskinder nach Österreich. N. wird im Don-Bosco-Mädchenheim in Stams in Tirol aufgenommen.

Eines Abends hielt ich bei den Freunden des Zisterzienserklosters Stams einen Vortrag. Ich war etwas zu früh dran und machte mich auf einen kleinen Spaziergang in Richtung Übungsschanze des österreichischen Schispringernachwuchses, der im Stamser Sportgymnasium ausgebildet wird. Unterwegs spricht mich Anton Mayr, Direktor der Neuen Mittelschule, an. Wir kommen auf das Thema des Abends zu sprechen: „Ängste in der Flüchtlingszeit". Ich hatte dazu eine Onlinestudie gemacht und diese auch publiziert (Entängstigt euch. Die Flüchtlinge und das christliche Abendland, Ostfildern 2016). Ob ich noch etwas Zeit hätte, fragt der Direktor. Er könne mir etwas Interessantes zu meinem Abendvortrag zeigen.

Ich begleitete ihn. Er führt mich in das Lehrerzimmer. Dort steht auf dem Tisch ein Kunstwerk. Auf einer französischen Flagge erhebt sich fast einen halben Meter groß der Eiffelturm. Er besteht nur aus Spaghetti. Wollen Sie mit der jungen Künstlerin sprechen? Ich bejahe neugierig. Kurze Zeit später erscheint N. in Begleitung ihrer Betreuerin.

Ich frage N., den Direktor und die Betreuerin, ob ich ein kurzes Interview mit N. aufnehmen darf. Sie haben keinen Einwand. Ich will einfach wissen, was das 13-jährige Kind bewogen hatte, dieses kleine Kunstwerk in wochenlanger Arbeit zu schaffen.

N. erzählt mir, warum sie den Eiffelturm aus Spaghetti nachgebaut hat und was sie uns damit sagen will. Lesen Sie hier eine grammatikalisch redigierte Abschrift des Gesprächs.

Zulehner: Liebe N., warum hast du diesen Eiffelturm gebaut? Was willst du damit sagen? Was ist deine Botschaft an die Menschen, die ihn bewundern?

N.: Alle Menschen glauben, die Attentäter sind Muslime. Aber sie sind nicht Muslime. Sie dürfen nicht töten.

Ein Baby ist zum Beispiel zwei Jahre oder ein Jahr alt.
Es hat nichts gemacht. Und doch töten sie auch Babys.
Aber sie sind nicht Muslime, weil, Allah hat nicht gesagt,
du darfst ein Baby oder ein Kind töten oder so.
Und ich glaube, das ist komisch, weil dann alle denken:
Ja, alle Muslime sind schlecht. Aber das ist nicht richtig.

Zulehner: *Und jetzt denkst du an Frankreich*
und den Terror.

N.: *Ja, und weil ich bin eine Muslimin und ich sage,*
das ist nicht richtig. Und im Irak töten sie Menschen
und sie sind auch Muslime.

Zulehner: *Und deine Botschaft heißt?*
Was möchtest du den Menschen sagen?

N.: *Zum Beispiel. Sie sind nicht gut.*
Ich bin eine Muslimin. Und ich sage, ich bin nicht
schlecht. Aber Menschen müssen denken.
Warum ist es jetzt so gemacht?
Und sie sagen: Es sind Muslime und…

Zulehner: *Aber die Attentäter haben kein Recht*
zu sagen, dass sie Muslime sind.

Direktor: *Ja, das ist eine genaue Botschaft,*
diese Unterscheidung. Gut.

Zulehner: *Und was ist für dich die Botschaft des Islam? Was ist für dich deine Religion? Allah, wer ist das für dich?*

Betreuerin: *Was bedeutet das für dich, wenn du Allah hörst? An was denkst du?*

N.: *Ich glaube, sie sind nicht Muslime. Sie sind nicht Menschen. Sie sind wie Tiere. Ich weiß nicht. Nicht Menschen. Und im Islam geht das nicht. Und Allah hat das nicht gesagt. Und ich glaube, es ist nicht richtig.*

Direktor: *Was ist das? Was ist für dich richtig im Islam, N.?*

N.: *Zum Beispiel. Alle sind nett und ich kann in die Schule gehen. Das ist sehr, sehr, sehr, sehr, sehr wichtig und richtig.*

Zulehner: *Dass du als Mädchen etwas lernen kannst. Dass man gastfreundlich ist. Dass man die Menschen gerne hat. Ohne Unterschied.*

N.: *Zum Beispiel: Jetzt [in Stams] darf ich in die Schule gehen. Aber das geht nicht in Afghanistan. Alle Frauen dürfen nicht in die Schule, wie meine Mutter. (weint) Entschuldigung.*

Zulehner: Du musst dich nicht entschuldigen.
(Direktor reicht Taschentuch).

N.: *Danke.*

Zulehner: *Es muss besser werden für dich jetzt.*
Es wird umso besser, je mehr du lernst. Schule ist ganz
wichtig für dich. Und Künstlerin wirst du auch werden.
Wirst du große Kunstwerke schaffen?

N.: *Ja.*

Zulehner: *Wirst du eine Architektin?*
Weißt du, was das ist?

N.: *Nein!*

Zulehner: *Die baut Häuser!*

N.: *Ach so. Aber Ich will zur NASA nach Amerika.*

Direktor: *Na schön. Es würde mich freuen.*
Dann könnte ich sagen, sie ist von unserer Schule!

N.: *Ja.*

Direktor: *Ja, das war sehr schön.*
Zulehner: *Danke schön.*

Wie N. ergeht es vielen anderen Schutzsuchenden. Wie sie fliehen sie vor Verfolgung und Krieg. Andere machen sich wegen Naturkatastrophen auf die gefährliche Reise ins Ungewisse. Andere schließlich prangern wir als „Wirtschaftsflüchtlinge" an. Das ist ein beliebtes „Schlag-Wort" im Stammtisch-Vokabular für jene, die keine Schutzsuchenden aufnehmen wollen und lieber Unterkünfte abfackeln, bevor diese bezogen werden können.

In einem Seminar für Doktoranden aus aller Welt an der katholisch-theologischen Fakultät in Wien hatte ich die Bezeichnung von Schutzsuchenden als „Wirtschaftsflüchtlinge" kritisiert. Ich riet, das Wort Wirtschaftsflüchtlinge durch „Armutsflüchtlinge" zu ersetzen. Die abschätzige Bezeichnung Wirtschaftsflüchtlinge würden weit eher jene verdienen, welche ihre gigantischen Gewinne an Finanzämtern vorbei mit Hilfe von Briefkastenfirmen in Panama und anderswo „waschen".

Nach dieser Einlassung durch mich meldete sich ein Doktorand aus Nigeria zu Wort. Auch ihm erschien der Begriff Wirtschaftsflüchtlinge untauglich. Aber auch meinen Alternativvorschlag „Armutsflüchtlinge" lehnte er als unpassend ab. Er begründete das mit seiner jüngsten Familiengeschichte.

Mein Bruder ist verheiratet. Seine Frau hat mit ihm zehn Kinder, für die er aufkommt. Darüber hinaus sorgt er sich nach afrikanischer Sitte auch für die Großeltern

und nahen Angehörigen aus der Großfamilie. Jetzt hat
er seine Arbeit verloren. Armut bedroht alle.
Aber das ist nicht der Grund, dass jemand aus der
Familie nach Europa geschickt wird, um Geld zu
verdienen und den Großteil heimzuschicken.
Das wird erst geschehen, wenn er keine Hoffnung hat,
in den kommenden Jahren Arbeit zu finden.

Ich sollte daher solche Schutzsuchende nicht Armuts-, schon gar nicht Wirtschafts-, sondern viel besser Hoffnungsflüchtlinge nennen.

Die Zahl solcher Hoffnungsflüchtlinge wird in den nächsten Jahren zunehmen. Die wachsende Zahl von kriegerischen Konflikten, das Zunehmen von Naturkatastrophen, die Lebensraum unbewohnbar machen, wird die Zahl der Migrantinnen, vor allem von Frauen und Kindern, ansteigen lassen.

Migration, so die einschlägige Forschung (wie jene der Wiener Migrationsforscherin Regina Polak: Migration, Flucht und Religion, 2 Bde., Ostfildern 2017), hat es in der Geschichte der Menschheit immer gegeben: als Flucht, als Vertreibung, auf der Suche nach Abenteuer, aber auch nach Überleben. Viele von uns können vermutlich in ihrer Familiengeschichte Personen finden, die geflohen oder ausgewandert sind, ganz zu schweigen davon, dass wir alle Paradiesesvertriebene sind, auf dem Weg zu einer bleibenden Stätte, so Paulus: „Denn unsere Heimat ist im Himmel." (Phil 3,20)

Ein Vorfahre von mir verließ seine Heimat im unteren Mühlviertel und trat in den Dienst des Fürstbischofs von Mainz. Carl Georg Zulehner war ein begabter Komponist und schenkte den Mainzern ihren Narrhallamarsch, der dann im Musikhaus Schott und Söhne ediert wurde und bis heute auf dem Mainzer Karneval gespielt wird. Ein Sohn von ihm wurde Philosoph an der Mainzer Universität.

Ich verstehe allein angesichts solcher familiengeschichtlicher Erfahrungen, dass Migration nicht nur eine Bedrohung, sondern eine Bereicherung sein kann. Was wäre die Wiener Küche ohne die „zugewanderten" Powidl-Tascherl aus Böhmen, das Szegediner Gulasch aus Ungarn, die Cevapcici aus dem Balkan? Was wäre das Gardebataillon des österreichischen Bundesheeres, das schon in der Monarchie von muslimischen Bosniaken gestellt wurde und für deren Teilnahme an der Fronleichnamsprozession in Wien eigene Regeln erlassen werden mussten?

Freilich, gegen die Aufnahme von Schutzsuchenden gibt es in vielen Aufnahmeländern wachsenden Widerstand. Sie sehen in den Ankommenden keine Bereicherung, sondern eine Bedrohung. Aus der „Willkommenskultur" des Flüchtlingsherbstes 2015 wurde inzwischen zusammen mit dem Wort „Gutmensch" ein Unwort. Politische Populisten und religiöse Fundamentalisten schüren gezielt Fremdenangst und steigern so ihre Umfragewerte in ganz Europa. Es war deshalb rein sprachlich ein guter Schachzug, die vielen Frauen und Kinder, die vor dem

Krieg in der Ukraine geflohen sind, nicht als „Flücht-linge", sondern als „Vertriebene" zu bezeichnen. Anders als Flüchtlinge aus aller Welt nahm man sie zunächst für drei, dann für ein weiteres Jahr in ganz Europa in die Sozialversicherung auf und eröffnete ihnen den Zugang zum Arbeitsmarkt. Was wird nach Ablauf dieser Frist mit ihnen geschehen? Wie viele werden heimkehren? Wie viele werden bei uns Wirtschaft, Gesellschaft, Kirchen, Kunst und Kultur stärken?

Zurück zu N. Geraume Zeit nach der Begegnung mit ihr in der Neuen Mittelschule erhielt ich während einer Sitzung, die ich als Dekan leitete, einen Anruf aus Stams. Ich versprach, nach der Sitzung umgehend zurückzu-rufen. Was wohl geschehen sein mag, so meine bangen Gedanken. Die Betreuerin berichtete mir etwas, was mein dunkles Grübeln in helle Freude wandelte: Die Mutter von N. war vom Roten Kreuz im Iran aufgespürt worden. N. und ihr Bruder werden umgehend mit ihr zusammen-geführt. Jetzt war nicht N., sondern mir fast zum Weinen. Aus Freude. Es war wenige Tage vor Weihnachten. Ein Weihnachtsgeschenk an die Flüchtlingskinder und ihre Mutter, die in ihrer herzlosen Welt schon so viel Leid und Entbehrung erlitten hatten!

Herzlos, wenn und weil gottlos?

Die Bilder von Butscha oder Mariupol sind um die Welt gegangen. Eine gnadenlose Grausamkeit gegen wehrlose Frauen, Kinder und Alte hat sich gezeigt. Und dies in einem Land, in dem Josef Stalin Gegner in GULAGs sperrte und in den Dreißigerjahren des letzten Jahrhunderts im Holodomor (übersetzt „Tötung durch Hunger") mehr als drei bis sieben Millionen Menschen verhungern ließ. Es ist das Land, in dem 1917 die Leninisten in einer blutigen Revolution an die Macht kamen. Die Russisch-Orthodoxe Kirche wurde verfolgt. So viele Kirchenmitglieder und Ordinierte wurden umgebracht, dass in der gegenwärtigen Lehre von der Kirche in der Russisch-Orthodoxen Kirche diese als Kirche der Märtyrer gepriesen wird.

Sie sind Opfer jener Partei, die 1918 ein neues Lexikon der Russischen Sprache herausbrachte. Das Wort „miloserdie" (милосердие, Erbarmen) sucht man vergeblich. Es wurde ersatzlos gestrichen. Es passte nicht in eine Kultur, in der Gott geleugnet und das Gedächtnis an ihn ausgerottet werden sollte. Vertragen sich also Gott und Barmherzigkeit nicht? Sollten die kommunistischen Ideologen – ganz entgegen ihre hehren humanistischen Absichten der Überwindung von Ausbeutung und Armut – belegen, dass Gott und Erbarmen zusammengehören und daher umgekehrt Gottlosigkeit Mitleidlosigkeit freisetzt?

Hat nicht auch der Pastorensohn Friedrich Nietzsche in dieselbe Richtung geworben? Gewiss, er wollte die Vollendung des Menschen, den Übermenschen. Er besaß eine tiefe Leidenschaft und Liebe für das menschliche Leben, für dessen Entfaltung und Veredelung. Er inspirierte Menschen, das eigene Potential zu entfalten und sich nicht durch Religion und Moral daran hindern, ja demütigen zu lassen. Nietzsche verachtete konsequenterweise die Schwachen, die Kranken, die Mitleidigen und die Demütigen und lobte die Starken, die Gesunden, die Grausamen und die Stolzen. Mitleid mit den Schwachen lehnte er kategorisch ab. Vor allem das Mitleid Christi verspottete er geradezu und mit diesem einen Gott des Mitleids und des Erbarmens. Um den Menschen zu retten, musste Gott sterben. Mitleid war für ihn eine Sache von Untermenschen. Den Übermenschen hingegen leitet mitleidbereinigter Wille zur Macht.

Johann B. Metz hat Nietzsches Annahmen, die derart um die Größe des Menschen besorgt waren, auf die Formel gebracht: Leidunempfindlich wird, wer gottvergessen ist. Zu Pfingsten 2000 wurde im Passauer Dom von Bischof Franz X. Eder für das Gottesvolk der „Passauer Pastoralplan" feierlich in Kraft gesetzt. Schon in der Einleitung greift der visionäre Text, der aktueller denn je ist, die theologische Position von Johann B. Metz auf. Er wendet diese, Papst Franziskus vorauserinnernd, auf die Kirche von heute an:

> *Eine Kirche, die um sich selbst kreist und dabei Gott vergisst, wird leidunempfindlich. Wer hingegen in Gott eintaucht, taucht neben dem Menschen auf. Dabei kann der Weg auch in der anderen Richtung verlaufen: Wer den Menschen begegnet, findet in diesen auch Gott (vgl. Mt 25).*

Das ist die Urbewegung aller wahrhaft Glaubenden, aber auch ihrer Gemeinschaften, die sich allesamt stolz „Kirche" nennen: eintauchen und auftauchen. Diese Doppelbewegung begegnet in der Formel des früheren Priors von Taizé, Roger Schutz: Aktion und Kontemplation. Sie spiegelt sich wider im theologischen Wortpaar „Mystik und Politik" (Dorothee Sölle, Johann B. Metz; Rottenburger Synode: „je mystischer, desto politischer"). Letztlich gründet sie in der unentflechtbaren sowohl mosaischen wie jesuanischen Dynamik von Gottes- und Nächstenliebe (Mt 22,37; Dtn 6,5 / 39: 5,43; Lev 19,18; Röm 13,9; Gal 5,14 / 40: 7,12).

Der Passauer Pastoralplan trägt den Titel „Gott und den Menschen nahe". Damit erinnert er nicht nur an den unentflechtbaren Zusammenhang von Gottes- und Nächstenliebe. Vielmehr kritisiert er eine Glaubensgestalt, die Metz „bürgerlich" nennt. Vielleicht sollte man besser „verbürgerlicht" sagen. Ich bezeichne diese verformte Gestalt des Glaubens „Wellnessspiritualität". Es ist, noch einmal Metz, keine Mystik der offenen, sondern der gegenüber den Leiden der Menschen verschlossenen Augen. Es ist ein Glaube ohne Compassion, ohne die Fähigkeit mitzuleiden. Er passt „umstandslos" zum satten bürgerlichen Leben vieler Kirchenmitglieder. Natürlich kennt das Evangelium die Freude. Es neidet den Menschen nicht das gute geglückte Leben. Doch lässt Jesus keinen Zweifel daran, dass sein Projekt, den Himmel auf die Erde zu singen und zu bringen, um so die Welt Reich-

Gottes-förmiger zu machen, nicht ohne Kampf und Kreuz zu haben ist. Genau um eine solche leidfreie Spiritualität werben leider manche christlichen Kirchen gezielt, weil sie ihnen attraktiv dünkt.

In Amerika wurde von einer evangelikalen Kirche mit dem Werbeslogan geworben: „Go to church and you'll feel better!" (Geh zur Kirche, und du fühlst dich wohler.) Wenn derart Beworbene am Sonntag zur Kirche fuhren, fanden sie keinen Parkplatz. Nichtkirchgänger hatten den Parkplatz besetzt. Da beschlossen die Verantwortlichen der Gemeinde, ein Schild aufzustellen, auf dem stand: „Dieser Parkplatz ist am Sonntagvormittag nur für Kirchgänger. Zuwiderhandelnde werden getauft!"

Wie steht es also um die Formel, dass leidunempfindlich wird, wer gottvergessen ist? Entspringt aus einem Menschen, der sein Herz an Gott hängt, Herzlichkeit? Können Religionen zur Herzlichkeit in einer herzlosen Welt beitragen?

Ich zögere mit einer raschen und positiven Antwort. Zwar stehen laut ihren heiligen Schriften die großen Weltreligionen für Erbarmen. Im Qu'ran beginnt – mit Ausnahme einer einzigen – jede Sure mit der Anrufung Allahs des Allerbarmers. Dass der Islam eine Religion sei, die den (heiligen) Krieg fordert, steht dazu im Widerspruch. Lediglich zwölfmal ist im ganzen Buch vom Krieg die Rede, und das in einer Zeit, in der es viele religiös aufgeladene Kriege gab, in denen auf beiden Seiten nicht zimperlich gekämpft wurde. Auch lohnt sich ein Vergleich mit dem Alten Testament, in dem es oftmals in dieser Frage viel brutaler zugeht. Erbarmen, in Verbindung mit dem Herzen „Barmherzigkeit" ist das, was Jesus anstelle von Opfern einfordert (Mt 9,13; Hos 6,6). Das Erbarmen Gottes ist die Grundmelodie des Neuen Testaments. Die Päpste Johannes Paul II., dieser im Gefolge der Seherin Sr. Faustina aus Krakau, aber auch Papst Franziskus gehen genau in dieser jesuanischen Spur.

So richtig es ist, dass Religionen und Barmherzigkeit miteinander untrennbar verwoben sind: Ich zögere dennoch, dem einfach zuzustimmen. Denn es lässt sich nicht leugnen, dass die meisten Religionsgemeinschaften dieses Ideal verraten haben. Statt Erbarmen, Compassion und in diesem Sinn Herzlichkeit freizusetzen, haben sie sich dazu hergegeben, brutale Gewalt zu legitimieren. Auf den Koppeln der SS-Schergen stand: „Gott ist mit uns!" Der Moskauer Patriarch Kyrill I. rechtfertigt die völkerrechtswidrige Gewalt gegen die Ukraine. Vertreter des Islamischen Staates begehen Massaker an ihren Gegnern und rufen dabei „al akhbar" (Allah ist der Größte). Der blutige Dreißigjährige Krieg (1618–1648) wurde von Katholiken und Protestanten gleichermaßen im Namen Gottes geführt. 70 % der Bevölkerung waren in Bayern ausgerottet worden; Pest und der Hunger trugen zusätzlich dazu bei.

So heilen konkret viele Teile der Religionsgemeinschaften nicht die Herzlosigkeit der Welt, sondern tragen dazu bei, dass sie gemehrt und verstärkt wird. Das veranlasste Papst Franziskus zu formulieren, dass Religionen oft nicht Teil der Lösung, sondern Teil des Problems sind.

Religionen, die sich zur Rechtfertigung von mörderischer Gewalt hergeben, schaden nicht nur sich selbst. Sie bringen vor allem Gott in Misskredit statt in Kredit. Die Abwendung von den christlichen Kirchen in Europa in den letzten fünfhundert Jahren hat hier eine tiefe Ursache. Die Konfessionen hatten Blut an den Händen. Der ersehnte Landfrieden wurde von ihnen nicht mehr erwartet. Die konfessionellen Säuberungen trugen zur Entfremdung gerade der Gebildeten von den Kirchen bei. Voltaire, der eine friedliebende Religion der Philosophen wünschte, forderte die Ausrottung der Kirche: „Ecrasez l'infame!" (Rottet sie aus, die Infame [Kirche]!), schrieb er. Die späteren Atheisten wandten sich schließlich auch von der Religion ab und hofften, dass die Menschen in Freiheit und Frieden leben können, wenn es keinen Gott gibt, an den Menschen glauben, aber eben auch für ihre bösartigen Interessen benutzen. Die Geschichte in Russland (Stalin – GULAG), in Deutschland (Hitler – Auschwitz), in Kambodscha (Pol Pot, Tuol Sleng, Rote Khmer) hat den Traum einer gewaltfrei-friedlichen Welt ohne Gott platzen lassen. Gottvergessenheit hat sich faktisch als höchst leidunempfindlich erwiesen.

Prophetische und aus ihren Quellen gereinigte Religionen, die sich nicht zur Rechtfertigung blutiger Gewalt missbrauchen lassen oder aus Eigeninteressen hergeben, könnten hingegen einen Beitrag dazu leisten, dass die Welt weniger herzlos wird.

Auf diesem Hintergrund werden pointierte Ratschläge von Papst Franziskus verständlich. So riet er den ungarischen Bischöfen, sie sollen lieber mehr das Evangelium lesen als die Regierungserklärungen von Viktor Orban. Der ungarische Ministerpräsident wurde vom Papst wegen dessen Flüchtlingsabweisungspolitik kritisiert, die dieser mit der Rettung des „christlichen Ungarns" vor dem Islam begründet. Dem Moskauer Patriarchen Kyrill wiederum ließ er überbringen, er solle nicht den Oberministranten von Putin spielen. Das Evangelium steht nicht für Gewalt. Ich stelle mir vor, dass der Patriarch Kyrill bei der Morgenmesse die Bergpredigt hört. Eigentlich müsste er dann nach dem Gottesdienst unverzüglich zum roten Telefon greifen, den Sohn seiner Russisch-Orthodoxen Kirche namens Wladimir anrufen und ihm berichten: Ich habe eben aus der Bergpredigt gehört:

Selig, die keine Gewalt anwenden; / denn sie werden das Land erben. / Selig, die Frieden stiften; / denn sie werden Söhne Gottes genannt werden. (Mt 5,5.9)

Beende also den ungerechtfertigten Angriffskrieg auf unser Brudervolk. Zieh unsere Truppen ab. Respektiere die Würde und das Selbstbestimmungsrecht des Nachbarlandes. Schließ einen gerechten Frieden. Erst dann kannst du ein Sohn Gottes heißen und das Land erben.

So müsste er reden, würde er im Namen Gottes prophetisch reden. Wer, wenn nicht er? Tut er aber nicht.

Die Auflösung der ukrainischen Eigenständigkeit, damit die Rückkehr der gesamten ukrainischen Bevölkerung in das kanonische Territorium der ROK sowie die Heimholung des Gründungsklosters der ROK, der Lavra (des Höhlenklosters in Kiev), sind ihm wichtiger als der ihm durch Handauflegung übertragene prophetische Dienst.

Ganz anders hört sich da der Patriarch von Konstantinopel Bartholomaios I. an. In einer Predigt am Verklärungssonntag 2023 führte er aus, man erlebe einen „abscheulichen und teuflischen" Krieg in der Ukraine. Der russische Patriarch segne diesen „mit beiden Händen", statt ihn zu verurteilen. (Kathpress vom 8. 8. 2023)

Mich schmerzt als gläubigen Christen und Theologen, dass viele von denen, die für unsere christlichen Kirchen sprechen, aber auch von den Führern anderer Religionen ihre prophetische Kraft verloren haben. Religionen, als Gemeinschaft und durch die einzelnen Mitglieder, könnten mehr Herzlichkeit in unsere herzlose Welt bringen. Dazu aber braucht es Umkehr und Erneuerung: aller Religionsgemeinschaften – und das an Haupt und Gliedern.

2. Teil: Therapie

In der Wohnung, in der ich in Wien aufgewachsen bin, hing ein großes Herz-Jesu-Bild. Auf diesem zieht Jesus selbst seine Kleidung und seine Haut über der Brust auseinander. Sein Herz wird sichtbar. Strahlen umgeben es. Dabei blickt Jesus den Betrachter an. Das Bild war so gemalt, dass dieser Blick von jedem Standpunkt im Raum aus die Betrachtenden erreichte. Manchmal war mir das auch unangenehm. Ich fühlte Spuren eines spirituellen Beobachtungswahns. Die Botschaft des Bildes war jedoch eine andere: Vertrau dich dem Herzen Jesu an, seiner Herzlichkeit, seinem Erbarmen. Auch zu einer Herzensbildung wurde in einem Familiengebet aufgerufen: „Bilde unser Herz nach deinem Herzen!"

Der Künstler Peter Garmusch wollte diese Botschaft vom Herzen Jesu den Menschen in Tirol in befremdlicher Weise vermitteln. Dazu schuf er eine Fotoinstallation. Dargestellt ist ein riesengroßes Schweineherz. In der Mitte ist es abgeschnürt. Die Verantwortlichen der Innsbrucker Spitalskirche überhängten damit in der Fastenzeit 2023 das barocke Altarbild. Es sollte zum Nachdenken anregen.

Den traditionsbedachten frommen Tiroler:innen war das allerdings zu viel des Guten. Sie protestierten so lange, bis der Innsbrucker Bischof mit einer salomonischen Weisung verfügte, dass das Bild zur aufregenden Anregung zwar in der Fastenzeit hängen bleibe. Vor der Karwoche müsse es aber abgenommen werden.

Immerhin war das Thema Herz und Herzlichkeit ins Gespräch gebracht. Es sollte mehr Herzlichkeit in der Kirche wie im Land geben. Darum geht es auch im zweiten Teil dieses Buches. Auf die Diagnose zumal der Herzlosigkeit in unserer heutigen Welt folgt nunmehr der Versuch einer Therapie in der Form von inspirierenden Meditationen. Dazu begebe ich mich in einen Dialog mit jenem Fach in der Medizin, das sich mit dem Herzen des Menschen befasst: der Kardiologie. Sie können also gleichsam „kardiologische Meditationen" erwarten. Zugleich ziehe ich den Schatz biblischer Texte zu Rate, die um das Herz des Menschen, aber auch das Herz Gottes kreisen.

Herzwissenschaft, die Kardiologie, und Bibel stimmen darin überein, dass das Herz für den Menschen von lebenswichtiger Bedeutung ist. So weisen Herzfachleute darauf hin, dass sich das Organ des Herzens schon in den ersten Lebenswochen entwickelt. In dieser Zeit ist der heranreifende Embryo noch an den Blutkreislauf seiner Mutter angeschlossen. Das neue Leben ist zunächst nur geliehen. Nun formt sich ein Herzschlauch, sodann eine Herzschleife. Vorhof und Kammer werden unterteilt, die

Vorhöfe werden „gekammert", Herzklappen bilden sich aus. Ein eigener fetaler und dann postnataler Blutkreislauf kommt in Gang. In der fünften Schwangerschaftswoche beginnt das Herz des sich entfaltenden Menschenwesens zu schlagen, in der Woche darauf kann man den Herzschlag auch im Ultraschall beobachten. In manchen Kulturen war das der Zeitpunkt, ab dem eine Schwangerschaft nicht mehr abgebrochen werden durfte. Ein einzigartiger Mensch wird. Dieser wird nach und nach unabhängig von seiner Mutter. Schließlich wird er bei der Geburt von dieser abgenabelt. Ohne das Schlagen des eigenen Herzens bleibt kein Mensch dauerhaft am Leben. Ein Herzstillstand ist lebensbedrohlich. Man kann zwar, etwa bei Herzoperationen, das Ausfallen des eigenen Herzschlags überbrücken, um den Gehirntod zu vermeiden. Aber alltagssprachlich sagen wir, wenn jemand stirbt: „Ihr, sein Herz hat aufgehört zu schlagen."

Die biblischen Texte haben mit der Herzwissenschaft gemeinsam, dass das Herz eine zentrale Bedeutung für den Menschen hat. Die Bibel meint aber nicht primär das Organ. Vielmehr steht das Herz (לֵב bzw. לְבָב) für das Innere des Menschen, seinen Personkern. Aus dieser Mitte tritt der Mensch mit der Gemeinschaft, aber er ist von hier aus auch mit Gott verbunden. Connectedness ist das tiefste Wesen aller Religion (religere, religare: rückbinden). Diese Beziehung zu einem Heiligen Ursprung ist wechselseitig. Ein Mensch kann sein Herz auf und an Gott ausrichten; umgekehrt bildet Gott das Herz der

Menschen. Mit dem Herzen liebt oder hasst der Mensch, ist er gut oder böse. Denken, Erkenntnisvermögen, Vernunft, Bewusstsein, Wissen, Nachsinnen, Planen, Verstand sitzen biblisch im Herzen und nicht im Gehirn. Der König Salomo wurde weise, weil ihm Gott auf seine Bitte hin ein hörendes Herz geschenkt hat (Kön 3,9). Ein herzloser Mensch galt als ein dummer Mensch. Gefühl und Verstand, Einsicht und Wollen waren im Herzen ineinander verwoben.

Ich greife nun einige Eigenschaften des Herzens und seiner Aktivität heraus und gehe diesen vertiefend im Folgenden nach.

Das Herz ausschütten

Unser Herz ist ein Hohlmuskel. Er zieht sich zusammen: Dabei stößt er Blut aus. Er muss leer werden, um daraufhin wiederum sauerstoffreiches Blut ansaugen zu können.

Schon das bringt uns zu einem spirituellen Vorgang, der für unser menschliches Leben befreiende Bedeutung hat: das Leerwerden, emptying. Für Hape Kerkeling war leer zu werden eine der beglückenden Erfahrungen, die er auf dem Jakobsweg gemacht hat. (Ich bin dann mal weg. Meine Reise auf dem Jakobsweg, München [23]2006)

Der mittelalterliche spirituelle Meister Eckhart bedenkt auch das Leerwerden. Er lehrt uns, dass wir leer werden müssen, wollen wir Gott aufnehmen können.

„Kein Gefäß kann zweierlei Trank aufnehmen", so Meister Eckhart an einer anderen Stelle. „Soll es Wein enthalten, muss man notgedrungen das Wasser ausgießen; das Gefäß muss leer sein. Willst du göttliche Freude und Gott aufnehmen, musst du notwendig die Kreaturen ‚ausgießen'... Alles, was aufnehmen und empfänglich sein soll, das soll und muss leer sein."

> *Lass es dir gesagt sein:*
> *leer sein alles Erschaffenen,*
> *heißt Gottes voll sein,*
> *und erfüllt sein von dem Erschaffenen,*
> *heißt Gottes leer sein.*
> *(Meister Eckhart: Von der Stille. Eine Auswahl,*
> *Freiburg 1954, 30.)*

Zwei Aspekte werden in diesem Rat von Meister Eckhart deutlich. Leerwerden ist ein aktiver Vorgang, ein „Ausgießen". Wenn dies geschieht, werden wir fähig aufzunehmen und empfänglich zu sein. Empathie, Mitgefühl, Compassion, mit anderen mitzuleiden, werden möglich. Ohne solche Vorgänge im Inneren des Menschen ist für Herzlichkeit kein Platz.

Der Priester Eli, so wird gleich am Beginn des ersten Buches Samuel erzählt (1 Sam 1,1–19), hatte Dienst im Tempel. Anschaulich wird beschrieben, dass er „an den Türpfosten des Tempels des Herrn auf seinem Stuhl" saß. Da beobachtete er eine Frau, die sich eigenartig benahm.

Die Frau war verzweifelt und betete zum Herrn „in ihrem Herzen, ihre Lippen bewegten sich, doch ihre Stimme war nicht zu hören". Der Priester hielt sie deshalb für betrunken und rügte sie barsch: „Wie lange willst du dich noch wie eine Betrunkene aufführen? Sieh zu, dass du deinen Weinrausch loswirst!" Hanna aber antwortete verzagt: „Nein, Herr! Ich bin eine unglückliche Frau. Ich habe weder Wein getrunken noch Bier; ich habe nur dem Herrn mein Herz ausgeschüttet. Halte deine Magd nicht für eine nichtsnutzige Frau; denn nur aus großem Kummer und aus Traurigkeit habe ich so lange geredet."

Hanna belastete, dass „ihr Schoß verschlossen" war. Ihr Herzenswunsch, aber auch der ihres Mannes Elkana, der sie von Herzen liebte, ging nicht in Erfüllung. Das machte sie unglücklich. So pilgerte sie in den Tempel, um Gott ihr Herz auszuschütten. Der diensthabende Eli ist tief bewegt. Er kann Hanna die gute Nachricht geben: „Geh in Frieden! Der Gott Israels wird dir die Bitte erfüllen, die du an ihn gerichtet hast."

Aber nicht die Erfüllung verleiht dem Ausschütten des Herzens seinen Sinn. Dieser liegt im Vorgang selbst. Sorgen werden geteilt. Der Volksmund kennt den Effekt: Geteiltes Leid ist halbes Leid. Allein das Ausschütten von Sorgen mindert deren Last. Das schwere Herz, das die Ruhe raubt, wird erleichtert. Das Herz kann davor bewahrt zu werden, an unerträglichem Herzschmerz zu zerbrechen, am „broken-heart-Syndrom" zu leiden. „Das Herz ausschütten", hier vor Gott, aber auch bei Freunden,

Partnern oder professionellen Zuhörerinnen tut gerade Menschen mit großen Sorgen tut.

Aber auch wenn das Herz vor Freude übergeht, braucht es Mitfreuende, denen man vom widerfahrenen Glück erzählen und auf dieses anstoßen kann. Geteilte Freud ist doppelte Freud.

„Das Herz ausschütten" vor allem im Leid bedarf eines Gegenübers, das sich um den Besorgten und Bedrückten „kümmert". Die „Bekümmerten", also deren Dorfgemeinschaften richten den Dienst von Kümmerern ein. Manche Gemeinden stellen Kummerbänke in Parks auf. Auch in Buchhandlungen habe ich schon eine gesehen. Dort finden Bekümmerte immer jemanden, dem sie ihr Herz ausschütten können. „Kümmerer" braucht es für Kindergärten, Grundschulen und Pflege, in der Beratung, in der Sozialarbeit, bei Diakonie und Caritas, in der Telefonseelsorge. Sie alle kümmern sich professionell und engagiert um das seelische, leibliche und ganzheitliche Wohl anderer Menschen. „Wer aber kümmert sich, wenn die ‚Kümmerer' fehlen", fragt Daniel Dettling: in einem Beitrag über Soziale Berufe in der NZZ vom 13. 9. 2018.

Vielleicht sollte man auch die Seelsorgerinnen und Seelsorger mit dem Ehrentitel „pastorale Kümmerer" ehren. Umfragen belegen, dass die Leute sich natürlich von den Kirchen erwarten, dass sie sich Gedanken über Gott machen, Rituale an den großen Festen des Lebens mit ihnen feiern, die Kinder in Glaube und Moral unterrichten. Oft aber wird übersehen, dass sie sich erwarten, dass Leute der

Kirche Zeit haben für die Menschen in Freud und Leid. Nicht nur Rituale und Spiritualität, sondern Seelsorge wird gewünscht: also Personen, ehren- wie hauptamtlich, die sich kümmern. Pastorale Kümmerer eben.

In der Pandemie hat die evangelische Kirche in Kurhessen-Waldeck für Heime eigene „Corona-Kümmerer" beauftragt. Aber es geht auch ganz ohne Auftrag. Der Binnenschiffer Uwe Gick ist viel mit Leuten unterwegs. Er ist „Kummerkasten und auch Seelsorger". Er erzählt schmunzelnd: „Ich bin Ansprechpartner für alles – außer Befrachtung". Es geht zwar auch um die „beschwerlichen" Geschäfte (also Frachtgüter). Oft drehen sich die Gespräche aber um ganz persönliche Dinge.

Die Seelsorger im Sana Klinikum Landkreis Biberach verstehen sich – so lese ich auf ihrer Homepage – „als Helfer, als Begleiter, als Berater, als Trostspender, als Kümmerer – und stehen hierfür allen Patientinnen und Patienten, deren Angehörigen sowie darüber hinaus auch allen Mitarbeitenden unabhängig von Konfession oder Weltanschauung sowie selbstverständlich unter Wahrung der Schweigepflicht gerne zur Verfügung". Dann werden sie konkreter: „Wir sind für Sie da, wenn Sie über Ihre Ängste, Sorgen und offenen Fragen sprechen möchten; wenn Sie nicht weiterkommen und nach neuen Perspektiven suchen; wenn Sie Ihre Freude oder Ihren Dank mit jemandem teilen möchten."

Gehört es nicht auch zu den Liebeserweisen von Paaren, dass sie einander „Kümmerer" sind, die sich umeinander sorgen – was im Englischen care heißt und zugleich Zuwendung, Sorge, Achtsamkeit und Umsicht, aber auch lieb und teuer bedeutet.

Geraume Zeit vor Ausbruch des Ukrainekrieges war ich mit Peter Neuner zu einer Vorlesung in der orthodoxen Akademie in Minsk eingeladen. Unsere Gastgeber machten mit uns einen Ausflug in eine Einrichtung, in der Kinder und Jugendliche die kurze noch verbleibende Zeit bis zu ihrem bevorstehenden Tod verbringen konnten. Es war eine Art Hospiz für Kinder und Jugendliche.

Dort arbeitete ein russisch-orthodoxer Priester. Er kümmerte sich in bewundernswerter Weise neben seinem pfarrlichen Fulltimejob um die Todgeweihten und deren Angehörige, die er noch ein halbes Jahr nach dem Sterben ihrer Anvertrauten begleitete. Wir gingen durch die Klinik. Dann zogen wir uns in einen kleinen Raum zurück, um das Erlebte zu verarbeiten. Ich habe dem Priester lange ins Gesicht geschaut. Er hatte, völlig überarbeitet, schwarze Ringe unter den Augen. Besorgt sagte ich zu ihm: „Okay. You care for children and young people in this house. But who cares you?" In meinem Wortspiel: Wer kümmert sich um dich, wer ist dein Kümmerer? Ohne lang nachzudenken, sagte der Priester: „My wife!"

Ich vermisse in unseren katholischen Zölibatsdiskussionen diese Frage. Denn letztlich sollte es nicht um die Lebensform gehen, sondern um die Frage: „Hast du jemanden, der für dich Sorge trägt? Denn wenn du nicht gut drauf bist, wenn dein Leben nicht glückt, ist es völlig egal, ob du verheiratet bist oder unverheiratet. Dann wird dein seelsorgliches Tun immer leiden." Wir sollten also das pastorale Personal schlicht fragen. „Who cares you?" Und wenn jemand in einer Lebensform gefangen ist, die ihn unglücklich macht, soll er diese hinter sich lassen, will sie, will er weiterhin sich seelsorglich unbehindert um Andere kümmern.

Zu Herzen gehen

Die unermüdliche Arbeitsleistung des Herzens fasziniert. „Jeden Tag pumpt das Herz bis zu 10.000 Liter Blut durch unsere Gefäße. Dabei schlägt es ganze 60–80 Mal pro Minute, also 4.200 Schläge pro Stunde und 100.000 Mal pro Tag. Im gesamten Leben schlägt das gesunde Herz durchschnittlich bis zu 3 Milliarden Mal." (Quelle: Google)

Ist einmal das Herz durch das Zusammenziehen leer, kann es aufnehmen. Genauer: Mit dem Ausstoßen erfolgt das Ansaugen, mit dem Abgeben das Aufnehmen.

Diesen Vorgang kleidet die deutsche Sprache in Redewendungen, in welchen dem physischen Vorgang symbolischer Sinn verliehen wird. Man kann sich etwas zu Herzen gehen lassen. Man nimmt sich etwas zu Herzen.

Dieser Vorgang wird häufig mit einem Hören und Sehen des Herzens verbunden. „Man sieht nur mit dem Herzen gut", so der Erzählmeister Antoine de Saint-Exupéry im Kleinen Prinzen. Wer im Herzsehen und Herzhören geübt ist, ist achtsam. Das Hinschauen ist gerade in Kulturen, in denen ein verängstigter und überforderter Teil der Bevölkerung zum Wegschauen neigt, eine Tauglichkeit, also eine Tugend, die den vielen Übersehenen Hoffnung macht. Mit dem Herzen hinhören und hinschauen setzt Mitgefühl, Compassion und Mitleiden frei und drängt zum solidarischen Handeln.

Die Gründungsgeschichte Israels erzählt von einem Gott, der den „Schrei" der Armen hört, welcher zum Himmel dringt. Gott ist „Aug und Ohr" für das herzzerreißende Elend seines unterdrückten Volkes:

Der Herr sprach: Gesehen, ja gesehen habe ich das Elend meines Volkes in Ägypten und gehört, ja gehört habe ich ihre laute Klage über ihre Antreiber. Ich kenne ihr Leid. (Ex 3,7)

Jetzt ist die laute Klage der Israeliten zu mir gedrungen und ich habe auch gesehen, wie die Ägypter sie unterdrücken. (Ex 3,9)

Ich bin herabgestiegen, um sie der Hand der Ägypter zu entreißen und aus jenem Land hinaufzuführen in ein schönes, weites Land, in ein Land, in dem Milch und Honig fließen. (Ex 3,8)

Und jetzt geh! Ich sende dich zum Pharao. Führe mein Volk, die Israeliten, aus Ägypten heraus! (Ex 3,10)

Damit die Befreiung der herzlos Unterdrückten auch tatsächlich geschieht, sendet Gott Mose und die Propheten, später Jesus und jene, die ihm nachfolgen. Dazu kommen die unzählbaren Menschen guten Willens zu allen Zeiten und in aller Welt, die sich (oft ohne es zu wissen) Gottes Art zu Herzen nehmen, den Schrei der Armen hören und deren Elend sehen.

Unsere Welt braucht nicht nur „Kümmerer", sondern auch Menschen, die im Hinschauen geübt sind und aufmerksame Hinhorcher, „Leidwatcher" also. Gut wäre es zudem, wenn jene, die sich um Menschen am Rand kümmern, ihre Erfahrungen auch den sozialpolitisch Verantwortlichen zutragen. Dazu könnten sich die vielen, die sich professionell in Wohlfahrtseinrichtungen, Diakonie und Caritas für die Armgemachten einsetzen, regelmäßig an den Stammtischen mit Politiker:innen treffen. Und das auf allen politischen Ebenen und Vertretungen aller Parteien. Auch gediegene Armutsberichte, die medial verbreitet werden, tragen dazu bei.

Das Ziel müsste sein, nicht nur kurativ den Armen zu helfen, sondern Armut präventiv zu verhindern. Es ist gut, Fische zu geben. Aber es ist besser, fischen zu lehren, so die unnachahmliche Formel des Gründers der Arbeiterbewegung Josef Cardijn.

Hinschauen und Hinhören könnte ein Markenzeichen der Kirchen sein – und das geschieht ja auch öfter, als bekannt wird. Sie könnten damit den verstummten und sprachlosen Leidenden in der Öffentlichkeit eine Stimme geben. Oft wird es nicht möglich sein, Leid nachhaltig zu beheben. Aber allein das Wahrgenommen-werden, das Gesehen- und Gehörtwerden, beginnt bereits Leid zu lindern. Die Leidenden erleben sich dann wenigstens nicht alleingelassen.

Gottes Weisungen sind Anleitungen zum Leben. Diese kreisen letztlich um die umfassende Liebe, und diese „aus ganzem Herzen": zu Gott, zu den Nächsten und zu sich selbst. Sich diese Lebensworte „zu Herzen nehmen", dazu rät die Bibel dem Volk Israel durch die Propheten von Anfang an:

„Und wenn alle diese Worte über dich gekommen sind, der Segen und der Fluch, die ich dir vorgelegt habe, dann wirst du sie dir zu Herzen nehmen mitten unter den Völkern, unter die der Herr, dein Gott, dich versprengt hat, und zum Herrn, deinem Gott, zurückkehren und auf seine Stimme hören in allem, wozu ich dich heute verpflichte, du und deine Kinder, mit ganzem Herzen und mit ganzer Seele, und der Herr, dein Gott, wird dein Schicksal wenden." (Dtn 30,1–3)

Zum Schaden des Volkes geschah dies keinesfalls immer: „Die Leute sahen es, ohne es zu verstehen; / sie nahmen es sich nicht zu Herzen." (Weish 4,13) Nimmt sich aber das Volk Gottes Wort nicht zu Herzen, setzt Gott, so sehen es die Propheten, Vertreibung und Gefangenschaft als drastische pädagogische Mittel ein: „Doch im Land ihrer Verbannung werden sie es sich zu Herzen nehmen." (Bar 2,30) Lob aber erhält, wer sich Gottes Wort zu Herzen nimmt und so Einsicht gewinnt: „Selig, der bei diesen Dingen verweilt / und sich dies zu Herzen nimmt und weise wird." (Weis 50,28) Es ist gerade das hörende Herz, das König Salomo sich von Gott erbeten hatte, das ihn zu einem weisen Herrscher machte. (1 Kön 3,9)

Als Jesus geboren wurde, vermerkt der Evangelist: „Alle, die davon hörten, nahmen es sich zu Herzen und sagten: Was wird wohl aus diesem Kind werden?" (Lk 1,66) Auch von Maria, der Mutter Jesu wird berichtet, dass sie das Erlebte in ihrem Herzen erwog (Lk 2,19). Wie in vielen wundersamen Kompositionen, angefangen vom gregorianischen Choral über Pergolesi, Antonin Dvorak, Franz Schubert oder Franz Liszt (um nur wenige der rund 70 Vertonungen zu nennen) im „Stabat mater" besungen, steht Maria unter dem Kreuz. Sie hält den getöteten Sohn nach der Abnahme vom Kreuz auf ihrem Schoß – die vielen Vesperbilder der Pietà geben dieser Szene einen berührenden Ausdruck. Maria geht das Leiden ihres Sohnes zu Herzen, sie leidet aber selbst unter der Eigenwilligkeit etwa des Zwölfjährigen (Lk 2,41–52) oder der Harschheit des Wundertäters ihr gegenüber bei der Hochzeit in Kana (Joh 2,4). Das macht sie zur Identifikationsfigur mit den vielen Leidenden und Trauernden unserer Erde. Die bitteren Leiden „durchbohren ihr Herz": Sieben nennt die Tradition, eine heilige Zahl. Teilt sie damit bittere Erfahrungen, wie sie heute die Mütter in der Ukraine, in Russland, im Jemen, in Palästina oder Syrien durchleiden, wenn sie ihre in sinnlosen Kriegen getöteten Söhne fassungslos entgegennehmen? Je mehr uns ein Mensch zu Herzen geht und buchstäblich ein „Anliegen" ist, desto größer ist dann auch unser eigenes Leid im Mitleiden.

Herzblut geben

Man wird einem Menschen nicht die Liebe erklären, indem man ihm sagt: Ich gebe mein Herzblut für dich. Viel eher legen wir dem geliebten Menschen unser Herz zu Füßen. Dabei hoffen wir, dass es nicht mit Füßen getreten wird.

Sein Herzblut geben hat mit Leidenschaft zu tun. Wenn wir etwas mit Herzblut machen, signalisieren wir, dass wir uns voll engagieren, mit dem Herzen dabei sind. Es ist ein Wort kraftvollen Engagements für Aufgaben, die uns am Herzen liegen. Glück hat, wer eine Berufsarbeit hat, die Raum dafür bietet. Es ist eine Arbeit, die Sinn schenkt und zufrieden macht. Diese Art von „Belohnung der Seele" wird von den Menschen in Umfragen mehr geschätzt als Lohn und Einkommen.

Der Soziologe Hartmut Rosa war von der Diözese Würzburg zu einem Festvortrag eingeladen worden. Seine Rede wurde als Büchlein gedruckt und wird viel gelesen. Der Titel der handlichen Publikation: „Demokratie braucht Religion." Er stellt damit die derzeitige innerkirchliche Debatte auf den Kopf. Auf Reformversammlungen wird diskutiert, wie weit sich die katholische Kirche demokratisieren kann und soll. Kann sie vom Staat lernen, fragt der Politologe und Kircheninsider Hans Maier. Der Soziologe hingegen fragt umgekehrt: „Braucht die Demokratie Religion?" Allein die Frage ist in Zeiten der Auswanderung der Religion in eine politisch ungefährliche Innerlichkeit bereits eine Provokation. Hartmut Rosa meint, dass gerade der säkulare Staat von der Religion viel gewinnen kann.

In seinen Überlegungen findet sich eine beachtliche Nebenbemerkung über das kirchliche Personal. Statt auf die mehr denn je wichtige Religionsgemeinschaft Kirche stolz zu sein und sich in ihr „mit Herzblut" zu engagieren, beobachtet er bei (zu) vielen eine miese Stimmung. Er nimmt in den Kirchen Mitarbeitende wahr, die sich geradezu schämen, bei der Kirche zu arbeiten.

Nun gibt es vieles an der Kirche, was Mitglieder und Mitarbeitende irritiert. Der kriminelle sexuelle wie geistliche Missbrauch erschreckend vieler Ordinierter und Kirchenmitglieder hat den öffentlichen Ruf des Arbeitgebers schwer beschädigt. Die Aufarbeitung geht schleppend voran. Es gibt in der Kirche viel Machtgehabe, das Papst Franziskus als Klerikalismus geißelt. Manche irritiert die ab- und ausgrenzende Haltung der maßgeblichen Amtsträger zu Frauen sehr.

Auch in der Sprache und in ihrer Lehre erleben sie die Kirche als Sonderwelt, abgehoben und antiquiert. Die öffentliche Kritik an der Kirche überrascht deshalb nicht. Sie ist aber für die Mitarbeitenden mehr als bedrückend.

Dazu kommt, dass diejenigen Aufwind haben, welche Religion und Kirchen grundsätzlich ablehnen und bekämpfen. Diese kochen auf dem Feuer des Missbrauchs ihre alten kirchenkämpferischen Suppen. Die Kirche liegt am Boden und leidet unter den Schlägen eines schmerzhaften Kirchenbashings.

Es ist in der Tat nicht einfach, in dieser Situation in und für die Kirche zu arbeiten. Man schämt sich, solange man sich noch vollen Herzens als Kirche und mit ihr fühlt. Nach und nach setzt aber ein Prozess schleichender Entfremdung ein. Das macht die Scham über die dunklen Seiten der eigenen Kirche zum Fremdshaming. Eben eine solche Stimmung demotiviert bei der Arbeit.

Nicht wenige überlegen in dieser prekären Lage zu kündigen. Doch lassen sie von diesem Schritt ab. Es geht manchen kirchlichen Mitarbeitenden nämlich wie dem ungerechten Verwalter, von dem Jesus in einem Gleichnis erzählt. Als dessen Herr droht, wegen Amtsmissbrauchs ihm den Job des Verwalters zu entziehen, lotet er seine beruflichen Alternativen aus und kommt resigniert zur Einsicht: „Zu schwerer Arbeit tauge ich nicht, und zu betteln schäme ich mich." (Lk 16,3)

So bleibt ihm und ähnlich auch manchen kirchlichen Mitarbeitenden der Weg nur in die „innere Kündigung". Sie hören auf, ihr Herzblut zu geben. Ihren Dienst machen sie herz- und lustlos. Damit schaden sie aber nicht nur der Kirche, sondern sich selbst, ihrem eigenen Herzen. Innere Kündigung macht krank.

Kirchliche Arbeitnehmer und Arbeitgeber sind gut beraten, diese Gefahr der inneren Kündigung wahrzunehmen und aufzuarbeiten. Das geht nicht nur durch entschiedenes Aufarbeiten des Missbrauchs, durch wirkungsvolle Präventionsmaßen bei der Suche nach Kandidat:innen für pastorale Jobs, in der Ausbildung, während der Tätigkeit. Es reichen auch nicht allein gediegene Reformen. Vielmehr braucht es Zeiten und Räume, in denen die Mitarbeitenden „ihr Herz ausschütten" können und spirituell daran arbeiten, sich der alten Leidenschaft des Berufsanfangs zu erinnern und für sie neue Kraft zu erbitten. Offenbar war dieses Anliegen auch der frühen Kirche nicht fremd. Der Apostel Paulus schreibt supervisorisch seinem Schüler Timotheus und benennt das Fremdshaming, das offenbar auch schon damals die kirchliche Arbeit beeinträchtigte:

> *Darum rufe ich dir ins Gedächtnis:*
> *Entfache die Gnade Gottes wieder, die dir durch die*
> *Auflegung meiner Hände zuteilgeworden ist.*
> *Denn Gott hat uns nicht einen Geist der Verzagtheit*
> *gegeben, sondern den Geist der Kraft, der Liebe*
> *und der Besonnenheit.*
> *Schäme dich also nicht, dich zu unserem Herrn*
> *zu bekennen; schäme dich auch meiner nicht,*
> *der ich seinetwegen im Gefängnis bin,*
> *sondern leide mit mir für das Evangelium.*
> *Gott gibt dazu die Kraft:*

Er hat uns gerettet; mit einem heiligen Ruf hat er uns
gerufen, nicht aufgrund unserer Werke, sondern aus
eigenem Entschluss und aus Gnade, die uns schon
vor ewigen Zeiten in Christus Jesus geschenkt wurde;
jetzt aber wurde sie durch das Erscheinen unseres
Retters Christus Jesus offenbart. Er hat dem Tod die
Macht genommen und uns das Licht des unvergäng-
lichen Lebens gebracht durch das Evangelium, als
dessen Verkünder, Apostel und Lehrer ich eingesetzt bin.
Darum muss ich auch dies alles erdulden; aber ich
schäme mich nicht, denn ich weiß, wem ich Glauben
geschenkt habe, und ich bin überzeugt, dass er die
Macht hat, das mir anvertraute Gut bis zu jenem Tag
zu bewahren.
(2 Tim 1,6–12)

Paulus setzt in der Beratung seines Kollegen Timotheus darauf, dass für seinen Einsatz am Ende nicht die kirchliche Performance den Ausschlag gibt, sondern seine Berufung, die Gott ihm gegeben hat. Diese hängt eng mit Gottes Leidenschaft für seine Welt zusammen. Wirkmächtig wird diese aber nur dann, wenn jene, die Gott als Mitstreitende beruft und reichlich begabt, sich unverzagt im Geist der Kraft, der Liebe und der Besonnenheit ihrer Berufung stellen. Und das auch dann, wenn zur Berufung dazugehört, vieles erdulden zu müssen. Sind kirchliche Mitarbeitende vielleicht zu sehr auf ihre Arbeitgeberin Kirche bezogen? Könnte ein spiritueller Turn von der

Kirche hin zum berufenden Gott und der von seinem Gesandten (Christus) ausgelösten Bewegung einen Schutz vor einer inneren Kündigung und ihren schädlichen Folgen bringen?

Ich selbst hatte schon vor längerer Zeit mein langes Leben, darin eingeschlossen meine Arbeit in meiner und für meine Kirche bedacht. Ich habe mir dazu ausgemalt, wie es bei der Schlussevaluierung bei Gott zugehen könnte, wenn ich bei ihm ankomme. Mir wurde klar: Gott wird mich fragen: „Was hast du mit meiner Berufung und den vielen Gaben gemacht, die ich dir als Ausstattung in die Wiege gelegt habe? Ist die Welt friedlicher geworden, der Umgang mit der Mitwelt zukunftsfähiger, konnten Arme und Armgemachte aufatmen und das Haupt erheben? Hast du damit meine Leidenschaft für meine Welt erfahrbarer und wirksamer gemacht? Ist ein wenig mehr Himmel auf die Erde gekommen, auch durch deinen Einsatz? Hast du deine Mitmenschen an meine Leidenschaft für die Welt, die in Jesus ein Gesicht bekommen hat, erinnert? Hast du sie durch dein Beispiel ermutigt, sich auch zu beteiligen, weil auch sie von mir Berufene sind?"

Ich werde dann, so malte ich mir die Szene weiter aus, zu Gott sagen: „Lieber Gott, hast du vergessen, unter welch schwierigen Bedingungen ich mich einsetzen musste? Und manche Bischöfe, die du zugelassen hast? Die nicht den Geist der Kraft, sondern jenen feiger Verzagtheit oder autoritär-klerikaler Überheblichkeit hatten?

Übersiehst du den grauenhaften Missbrauch, angesichts dessen meine Kirche mehr sich selbst als die Opfer schützte?"

Gott aber wird mich barsch unterbrechen und sagen: „Diese werde ich alle noch fragen! Jetzt bist du dran!" Die Würzburger Synode (1972–1975) sprach in ihrem Dokument über die Gemeinde von einer „unvertretbaren Eigenverantwortung" aller Getauften.

Ich gebe zu, dass auch ich die Versuchung zu innerer Kündigung in meiner Kirche kenne. Dann aber half mir immer der Turn von der kirchlichen Organisation zum innersten Kern der Kirche. Diesen bildet jene Bewegung, die Jesus ausgelöst hat als bleibendem Ausdruck der Leidenschaft Gottes für seine Welt. Sein Reich komme, steht im Herzensgebet, das Jesus gelehrt hatte. Dieses Reich Gottes wird in der Präfation des Christkönigsfestes besungen als das „Reich der Wahrheit und des Lebens, das Reich der Heiligkeit und der Gnade, das Reich der Gerechtigkeit, der Liebe und des Friedens". Das macht meine Kirche im Modus des Auftrags zu Gottes Friedensbewegung, Umweltbewegung und Gerechtigkeitsbewegung auf der Erde. Es sind genau jene Zeitthemen, welche – ihrer Zeit voraus – die Ökumenische Versammlung in Basel 1989 ihren Kirchen und ihren Mitgliedern ins Stammbuch geschrieben hat. Zusammen mit profanen Vereinigungen und Menschen guten Willens setzen sich seither noch engagierter viele Kirchengebiete und Kirchenmitglieder ein für „Frieden, Gerechtigkeit, Bewahrung der

Schöpfung". Es sind genau jene großen Themen unserer Weltdiagnose im ersten Teil, in welchen heute zunehmende Herzlosigkeit zu schaffen macht. So kämpfen sie zusammen für mehr Herzlichkeit in einer herzlosen Welt.

An der Weltleidenschaft Gottes nach Kräften und unverdrossen mitzuwirken, weiß ich mich berufen. Dafür gebe ich mein Herzblut. Und deshalb habe ich für mich zugespitzt formuliert, dass mich niemand – auch nicht mit chemischen Mitteln – aus der so verstandenen Kirche vertreiben kann.

Angina pectoris

Der Innsbrucker Künstler Peter Garmusch hat das Schweineherz in seiner Fotoinstallation in der Mitte künstlich zusammengeschnürt. Damit hat er das Herz verengt. Wollte er andeuten, dass die Herzen der Menschen heute verengt sind, also unter dem leiden, was von Herzfachleuten als „angina pectoris" bezeichnet wird?

Zwar geht es bei dieser schweren Herzkrankheit sprachlich um die Verengung der Brust, krank ist aber das Herz. Die Brustenge wird von den Betroffenen als brennend, einengend, dumpf oder ziehend beschrieben. Die Beschwerden strahlen teilweise bis in den Oberbauch, in die Arme, den Unterkiefer, den Nacken, den Hals oder die Schultern aus. Ursache ist eine Verengung der Herzkranzgefäße. Dadurch bekommt der Körper zu wenig Sauerstoff. Atemnot stellt sich ein.

„Angina" leitet sich her vom Lateinischen angustus, das heißt eng. Angustia bedeutet aber nicht nur Enge, sondern auch Angst. Die beengende Atemnot wird als beängstigend erlebt.

Im Aufruf „Religionen – Hoffnung in einer taumelnden Welt" wird diagnostiziert, dass angesichts der schier unbewältigbaren Herausforderungen vielen Menschen die Hoffnungsressourcen ausgehen. Angst macht sich breit. Eine Art globaler Atemnot stellt sich ein. Eine angina pectoris der Welt, der Natur, der Menschheit. Der französische Politologe Dominique Moïsi vermerkte, dass Nordamerika und Europa heute eine Kultur der Angst prägen. Es sind just die reichen Regionen der Erde, die davon besonders betroffen sind. Politische Populisten und religiöse Fundamentalisten schüren zudem künstlich die Ängste der Menschen, um ihr Wählerpotential zu vergrößern. Sie haben überall auf der Welt damit Erfolg, was demokratiepolitisch beunruhigend ist.

Angst ist nicht gleich Furcht, auch wenn die beiden Begriffe einander nahe sind. Habt keine Angst, heißt es in der Bibel. Aber auch „Fürchtet euch nicht!" wird Besorgten und Verängstigten zugerufen. Alltagssprachlich werden beide Worte tatsächlich nicht scharf unterschieden. Doch sind Unterschiede erkennbar. Die Angst sitzt im Bauch, die Furcht im Kopf. Angst ist irrational, Furcht rational und kennt ein Objekt; Angst lähmt, Furcht macht handeln. So konnte auch Dorothee Sölle auf einem evangelischen Kirchentag den Leuten zurufen: Fürchtet euch endlich!

Ist Franklin D. Roosevelt zuzustimmen, der in seiner Inaugurationsrede 1933 inmitten der weltweiten Wirtschaftskrise ausführte: „The only thing we have to fear is fear itself" (Was man wirklich fürchten muss, ist die Angst selbst)?

Die Schweizer Tiefenpsychologin Monika Renz nimmt an, dass in jedem Menschen seit dem Erwachen seines Bewusstseins eine Urangst sitzt. Was auf das heranwachsende Menschenwesen eindringt, wird als zu viel oder als zu wenig erlebt. Diese Urangst legt sich wie eine Schicht über das ins Leben mitgebrachte paradiesische Urvertrauen. Im Lauf des Lebens kann die Urangst unentwegt neue Gesichter erhalten: pädagogische Gewalt, sexualisierte Gewalt gegen Frauen und Kinder, spirituelle Gewalt.

Ist diese Urangst nicht dem sehr ähnlich, was die christliche Überlieferung „Erbschuld" nennt, wobei das Wort „Erbunheil" wohl besser wäre? Immerhin wiegen die Folgen der Urangst und der vielgesichtigen Ängste schwer. Angst entsolidarisiert. Sie schafft eine Unkultur der Rivalität. Angst macht böse (Eugen Drewermann). Wenn Angst unser Herz verengt, greifen wir zu den Strategien Gewalt, Gier und Lüge. Gewaltsam wird vernichtet, was Angst macht. Im Konsumrausch werden Reichtümer angehäuft, die trügerischen Schutz versprechen. Selbst Gewerkschaften erliegen insgeheim dieser

Logik, wenn sie mehr Lohn fordern, um die Kaufkraft der Menschen zu stärken. Die Welt sitzt in der Falle grenzenlosen Wachstums. Für den polnischen Menschenkenner Zygmunt Baumann ist Konsum die fatale Art, uns zu vergewissern, dass wir sind. Seine Menschenformel lautet: „Consumo, ergo sum" (ich konsumiere, also bin ich); der Philosoph René Descartes hatte noch gemeint: „Cogito, ergo sum" (ich denke, also bin ich). In all dem täuschen wir uns und die anderen mit unseren angstverzerrten Lebenslügen. Das alles geschieht privat wie politisch. So verbünden sich in den modernen Kriegen tödliche Gewalt mit größenwahnsinniger Korruption sowie irreführender Lüge miteinander. Angst erweist sich damit als toxisch, dämonisch, teuflisch. Kulturen der Angst sind herzkrank. Das macht sie herzlos. Vielleicht gar nicht aus Bosheit, sondern aus trügerischer Überlebensstrategie.

Schreitet die Verengung der Herzkrankgefäße fort, droht ein lebensbedrohlicher Herzinfarkt. Das gilt für den einzelnen Menschen wie für die Weltgemeinschaft. Der Wirtschaftskreislauf kann zusammenbrechen. Das sensible Klimasystem kollabiert. Die lebensnotwendige Friedensordnung zerbricht.

Einen Herzinfarkt können aber auch Gemeinschaften wie die Kirche erleiden. Am Beispiel der Feier der Eucharistie mag das illustriert werden. Alle Päpste der letzten Zeit, von Johannes Paul II. über Benedikt XVI. hin zu Franziskus, nicht zuletzt das Zweite Vatikanische Konzil, sind sich mit der spirituell-theologischen Tradition einig, dass das Herz des christlich-kirchlichen Lebens in der Feier des Herrenmahls schlägt. Die Eucharistiefeier gilt seit den Anfängen der christlichen Gemeinschaften als Quelle und Höhepunkt allen christgläubigen Lebens. Sie ist der Ort der Wandlung von Gewalt in Liebe, von Angst in Vertrauen. Gewandelt werden in der Feier nicht nur die mitgebrachten Gaben, sondern die Mitfeiernden und mit ihnen ein Stück Welt. Am Montag müsste die Welt anders sein, mit stärkerem solidarisch-liebendem Herzschlag. Angesichts solcher hymnischer Rede über die Messfeiern verwundert es, dass die katholische Kirche wegen eines dramatischen Mangels an Priestern in gläubigen Gemeinden lieber auf die Eucharistiefeier verzichtet, statt die zeitbedingten Zugangskriterien zur Ordination zu überdenken. Droht also der katholischen Kirche ein eucharistischer Herzinfarkt?

Bei angina pectoris und drohendem Herzinfarkt können Stents, Gefäßdehnungen und Sprays Erleichterung bringen. Sie weiten das verengte Herz. Noch besser ist freilich Vorbeugung. Man kann lernen, so zu leben, dass Verengungen ausbleiben. Es ist sogar möglich, das Herz zu weiten: organisch, kommunikativ wie spirituell. Hilfreich ist es dazu, hohen Blutdruck zu meiden – und auch das wieder weniger medikamentös, sondern vorbeugend durch Stressabbau oder Bewegung. Das gilt auch geistig-geistlich. Gelassenheit, sich nicht so wichtig zu nehmen, aus der eigenen Tiefe (Thomas Merton nennt es das Selbst) zu leben, statt nach vielen Erfolgen zu jagen: Könnten solche spirituellen Tools nicht auch der Herzgesundheit nützen? In der eigenen Tiefe zu ruhen, wo unsere Wurzeln in Gott reichen, schafft dem Leben ein festes Fundament, das jeder gesunde Mensch braucht, ohne Fundamentalist zu werden. Das Herz kann weit und stark werden. Paulus umwirbt „seine Korinther", im Glauben festzustehen, was ihrem Herzen guttut: „Unser Mund hat sich für euch aufgetan, Korinther, unser Herz ist weit geworden. In uns ist es nicht zu eng für euch; eng ist es in eurem Herzen. Macht doch als Antwort darauf – ich rede wie zu meinen Kindern – auch euer Herz weit!" (1 Kor 6,11–13)

Letztlich ist es Gott selbst, der ein weites Herz für seine Welt und alle Lebewesen in ihr hat. Es scheint seine Absicht zu sein, dass seine Geschöpfe ihm ähnlich sind und auch ein weites Herz haben. Deshalb macht er die Herzen der Verängstigten weit (Ps 119,32). Herzensweite wiederum macht weise, wie das Beispiel des Königs Salomo zeigt (1 Kön 5,9). Man kann ein weises Herz auch dadurch gewinnen, dass man lernt, seine Tage zu zählen (Ps 80,12). Und wenn das Volk sehen wird, so verheißt der Prophet Jesaja, was Gott an Israel vollbringen wird, wird dies geradezu ein Herzbeben erzeugen: „Da wirst du schauen und strahlen, dein Herz wird erbeben und sich weiten." (Jes 60,5)

Gott ist jedenfalls keiner, der den Menschen in die Enge treibt, sondern in die Weite führt: „Er führte mich hinaus ins Weite, er befreite mich, denn er hatte an mir Gefallen." (Ps 18,20)

Herztransplantation

Wenn alle Maßnahmen der Erleichterung einer schweren Herzkrankheit nicht mehr helfen, hat die moderne Herzchirurgie ein letztes Mittel zur Hand: Das kranke Herz wird ersetzt. Die erste Herztransplantation wurde 1905 in Wien an einem Hund vorgenommen. Bei Menschen gelang der Durchbruch Christiaan Barnard im Jahre 1967 im Groote Schuur Hospital in Kapstadt. Bis zum Jahre 2023 wurden inzwischen rund 150.000 Spenderherzen transplantiert.

Erforscht wurde etwa von Oliva Wiebel-Fanderl (Herztransplantation als erzählte Erfahrung, Hamburg 2003), was psychisch in einem Menschen vor und nach einer Herztransplantation vor sich geht. Einen Grund, so zu fragen, gibt es allemal. Denn nicht nur in biblischen Zeiten, sondern auch in unserer Kultur hat das Herz eine zentrale Bedeutung für das Selbstbild eines Menschen und seine Persönlichkeit. Könnte es sein, dass sich in einem Spenderherzen lebenslang Informationen genau über diese Person sammeln? Was geschieht dann mit diesen einmaligen Informationen, wenn dieses Herz umgepflanzt wird? Auf solche Fragen gibt es bislang kaum zufriedenstellende Antworten, so Wiebel-Fanderl, die selbst Kardiologin ist.

Weit älter als die medizinische Herztransplantation ist das Wissen um einen symbolischen Herzaustausch. Jetzt geht es um das Herz als das Innerste eines Menschen.

Eine spirituell-symbolische „Herztransplantation" zielt auf eine tiefgehende Erneuerung einer Person, aber auch einer Kultur, eines Volkes.

Von einer solchen Herztransplantation anderer Art berichtet das Buch Ezechiel. Der Prophet verfasste diesen Text im Jahre 593 bei Tel Abib inmitten der Verbannung in Babylon. Er schreibt, was Gott nach der Verbannung mit seinem Volk vorhat:

> Ich hole euch heraus aus den Völkern, ich sammle euch
> aus allen Ländern und bringe euch in euer Land.
> Ich gieße reines Wasser über euch aus, dann werdet
> ihr rein. Ich reinige euch von aller Unreinheit und von
> allen euren Götzen.
> Ich schenke euch ein neues Herz und lege einen neu-
> en Geist in euch. Ich nehme das Herz von Stein aus
> eurer Brust und gebe euch ein Herz von Fleisch.
> Ich lege meinen Geist in euch und bewirke, dass ihr
> meinen Gesetzen folgt und auf meine Gebote achtet
> und sie erfüllt. (Ez 36,24–27)

Das alte Herz

Hartherzig sagen wir zu jemandem, der erbarmungslos, gefühllos, herzlos, kalt, mitleidlos, streng, unbarmherzig, unerbittlich oder unnachgiebig wahrgenommen wird. Das Herz ist dann wie Stein. Es kann sich um eine schleichende Entwicklung handeln. Ein Herz kann dann nach und nach durch widrige Erfahrungen versteinern.

Aber auch durch die Entwicklung von Lastern kann das Herz verhärten. Papst Gregor der Große (~540–604) zählte sieben Hauptlaster auf, fünf geistliche Laster (Superbia = Hochmut, Ira = Zorn, Invidia = Neid, Avaritia = Geiz, Acedia = Faulheit) und zwei fleischliche (Gula = Völlerei, Luxuria = Wollust). Stolz (superbia) war für ihn die Königin und Quelle aller Laster.

In der Bibel wird Gott in doppelter Weise mit dem „Verhärten des Herzens" in Verbindung gebracht. Es ist zunächst Gott selbst, der Herzen verhärtet. Solches geschah beim Pharao in Ägypten, damit dieser das unterdrückte Volk der Israeliten nicht von sich aus ziehen lässt, sondern sich der Befreiungstat Gottes beugen muss und vor allem sichtbar wird, wie machtvoll der Gott Israels ist: „Ich will das Herz des Pharao verhärten, sodass er ihnen nachjagt; dann will ich am Pharao und an seiner ganzen Streitmacht meine Herrlichkeit erweisen und die Ägypter sollen erkennen, dass ich der Herr bin." (Ex 14,4) Die Befreiung ging dann unglaublich blutig vonstatten: Erstgeborene kamen um, das mächtige Heer der Ägypter, Reiter, Rosse und Wagen, versanken unter dem Jubel des geretteten Volkes Israel im Meer. Dass Gott mit den Ägyptern so grausam verfuhr, irritierte offenbar manche biblische Verfasser und sie betonten, dass es die Ägypter und der Pharao selbst waren, die angesichts der Aufforderung, die versklavten Gastarbeiter ziehen zu lassen, ihr Herz verhärteten: „Warum wollt ihr euer Herz verhärten, wie die Ägypter und der Pharao ihr Herz verhärtet haben?" (1 Sam 6,6)

Hier begegnet bereits die andere Weise der Herzverhärtung: Die Israeliten sollten ihr Herz Gott gegenüber nicht verhärten. Was sie wiederholt machten. Dann kritisierte Gott sie durch die Propheten scharf: „Verhärtet euer Herz nicht wie in Meriba" (Ps 95,8) – also an jenem Ort des Aufruhrs des Volkes auf dem mühseligen Weg durch die Wüste, auf den im Neuen Testament Bezug genommen wird: „Darum beherzigt, was der Heilige Geist sagt: Heute, wenn ihr seine Stimme hört, verhärtet nicht eure Herzen wie beim Aufruhr am Tag der Versuchung in der Wüste!" (Hebr 3,7) Es wird warnend ausgemalt, wohin die Verhärtung des Herzens führt: Das Volk geht dann in die Irre; es ist in Unwissenheit befangen (Eph 4,18), wird durch die Mühsal niedergedrückt (Sir 3,27), fällt ins Unglück (Spr 28,14), nimmt ein böses Ende (Sir 3,26).

Das neue Herz

Das neue Herz ist nicht aus Stein, sondern aus Fleisch. Es ist nicht hart, sondern weich. Ein Mensch, der es in sich hat, lässt sich durch die Not der Leidenden „erweichen". Von solchen Menschen sagen wir auch, dass sie ein weites Herz haben.

Das neue Herz, von dem die Bibel schwärmt, trägt einen neuen Geist in sich, den Gott mit dem neuen Herzen einpflanzt. Das Herz wird so zum Organ, mit dem ein Mensch oder ein Volk auf Gott hört. Dieser formt ihr Denken und Tun durch seine Weisungen. Das gilt auch für das Evangelium Jesu Christi. Nach Paulus wer-

den Menschen mit neuem Herzen „ein Brief Christi",
„geschrieben nicht mit Tinte, sondern mit dem Geist des
lebendigen Gottes, nicht auf Tafeln aus Stein, sondern –
wie auf Tafeln – in Herzen von Fleisch" (2 Kor 3,3).

Neuen Herzen entspringt liebende Solidarität. Diese ist
ihr Erkennungsmerkmal. Ich entdecke sie nicht nur bei
Frommen, sondern auch bei Menschen, denen die Gnade
des Glaubens nicht geschenkt ist, die aber tatkräftig
lieben.

Herz der Welt

Es trifft nicht zu, dass die Welt nur herzlos ist, so der kardiologische Befund der Welt von heute. Es gibt viele Menschen, Initiativen, Projekte, Vereine und Erfahrungen, welche die uneingeschränkte Rede von einer „herzlosen Welt" widerlegen. Zur Erinnerung: Stichworte waren „Herz für Tiere", „Herz für Kinder", „Herz füreinander". Zugleich sind wir aber auch auf bedrohliche Herzlosigkeiten gestoßen: Kriege, Klimanotstand, Migration, himmelschreiende Ungerechtigkeiten. In der Welt geht es also herzlich wie herzlos zu, und das in einem unentflechtbaren Ineinander.

Biblische Zeugnisse lassen auch keinen Zweifel daran, dass Gott ein Herz für seine Welt hat, an der ihm liegt. Gottes Herzschlag ist im Herzschlag Jesu von Nazaret erfahrbar. Seine innige Einung mit dem, den er seinen Vater nannte, machte dies möglich. Die Herz-Jesu-Frömmigkeit hat hier ihren Grund.

Aber hat auch die Welt selbst ein Herz? Hat sie ein Innerstes, wie jede Person, aus der sie lebt? Die theologische Tradition bejaht diese Frage: Ja, es gibt ein Herz der Welt.

Es ist ihr Innerstes, das, was sie ausmacht, woraus sie letztlich lebt.

Ein Jesuswort hat Überlegungen zum Herz der Welt inspiriert. So schrieb der Evangelist Matthäus:

> *Zu dieser Zeit sagten einige Schriftgelehrte und Pharisäer zu ihm: Meister, wir möchten von dir ein Zeichen sehen. Er antwortete ihnen: Diese böse und treulose Generation fordert ein Zeichen, aber es wird ihr kein anderes gegeben werden als das Zeichen des Propheten Jona. Denn wie Jona drei Tage und drei Nächte im Bauch des Fisches war, so wird auch der Menschensohn drei Tage und drei Nächte im Innern der Erde sein. Die Männer von Ninive werden beim Gericht gegen diese Generation auftreten und sie verurteilen; denn sie haben sich nach der Predigt des Jona bekehrt. Hier aber ist einer, der mehr ist als Jona. Die Königin des Südens wird beim Gericht gegen diese Generation auftreten und sie verurteilen; denn sie kam vom Ende der Erde, um die Weisheit Salomos zu hören.*
> *Hier aber ist einer, der mehr ist als Salomo.*
> *(Mt 12,38–42)*

Zwei der großen Theologen unserer Zeit griffen diese Zeichenrede Jesu auf, in der er auf sein eigenes Schicksal vorausschaut. Hans Urs von Balthasar schrieb als Jugendwerk das Buch „Herz der Welt", das er 1945 mit großen Selbstzweifeln noch einmal herausbrachte. Darin hat er

Jesu Tod in seiner Tragweite für uns alle ausgelotet: „Denn schon ist der Tod – unser Tod – zu einem Gewand und einer Verwandlung der Liebe geworden." Schließlich krönt er seinen Gedankengang: „Aber noch ist Gottes Plan und List nicht vollendet; es fehlt noch das mittelste Stück. Es fehlt noch das Mittel, einzudringen in das Innere der Welt, um sie von innen her zu verwandeln."

In einer Osterpredigt, veröffentlicht in „Kleines Kirchenjahr" (1954), entfaltete Karl Rahner diesen Gedanken. Ein Predigtausschnitt beschließt meine Herzmeditationen.

> *„Jesus hat selbst gesagt, dass Er hinuntersteigen werde ins Herz der Erde (Mt 12,40), dorthin, eben in das Herz aller irdischen Dinge, wo alles verknüpft und eins ist und wo inmitten dieser Einheit der Tod und die Vergeblichkeit sitzt. Dorthin ist Er im Tod hinabgedrungen, Er ließ – heilige List des ewigen Lebens – sich besiegen vom Tod, damit dieser Ihn ins Innerste der Welt hineinverschlinge, damit Er, abgestiegen zu den Müttern und der wurzelhaften Einheit der Welt, ihr sein göttliches Leben für immer einstifte. Weil Er gestorben ist, gehört Er erst recht dieser Erde. Denn wenn der Leib eines Menschen in das Grab der Erde gebettet wird, geht der Mensch – die Seele, wie wir sagen – obwohl er im Tod gottunmittelbar wird, erst recht die endgültige Einheit ein mit jenem geheimnisvollen einen Grund, in den alle raumzeitlichen Dinge zusammengeknüpft*

sind und wie aus einer Wurzel leben. In dieses Unterste und Tiefste aller Sichtbarkeit ist der Herr im Tod hinabgestiegen. Dort ist jetzt Er und nicht mehr die Vergeblichkeit und der Tod. Im Tod ist Er das Herz der irdischen Welt geworden, göttliches Herz in der Herzmitte der Welt, wo diese noch hinter ihrer Entfaltung in Raum und Zeit ihre Wurzel in die Allmacht Gottes senkt. Aus diesem einen Herzen aller irdischen Dinge, in dem erfüllte Einheit und Nichtigkeit nicht mehr unterscheidbar waren, aus dem ihr ganzes Schicksal quoll, ist Er auferstanden. Auferstanden, nicht um nun schließlich doch von dannen zu gehen, nicht, damit Ihn die Wehen des Todes, die Ihn aufs Neue gebären, dem Leben und Lichte Gottes so schenken, dass Er den dunklen Schoß der Erde selbst hoffnungslos und leer zurücklasse.

Er ist ja auferstanden in seinem Leibe. Das heißt aber: Er hat schon begonnen, sich dieser Welt anzuverwandeln. Er hat die Welt für ewig angenommen. Er ist aufs Neue geboren als Kind der Erde, aber jetzt der verklärten, der befreiten, der entschränkten, der Erde, die in Ihm ewig bestätigt und ewig vom Tode und der Vergeblichkeit erlöst ist. Er ist auferstanden, nicht um zu zeigen, dass Er das Grab der Erde endgültig verlasse, sondern um zu erweisen, dass eben dieses Grab der Toten – der Leib und die Erde – sich endgültig verwandelt hat in das herrliche, unermessliche Haus des lebendigen Gottes und der gotterfüllten Seele des Sohnes. Er ist nicht auferstehend ausgezogen aus der Hütte der Erde.

Denn Er hat ja noch, ja endgültig und verklärt, den Leib, der ein Stück der Erde ist, ein Stück, das immer noch ihr gehört als ein Teil ihrer Wirklichkeit und ihres Schicksals. Er ist auferstanden, um zu offenbaren, dass durch seinen Tod das Leben der Freiheit und Seligkeit in die Enge und den Schmerz der Erde, mitten in ihrem Herzen, ewig eingesenkt bleibt.

Was wir seine Auferstehung nennen und unbedacht als sein privates Schicksal betrachten, ist nur auf der Oberfläche der ganzen Wirklichkeit das erste Symptom in der Erfahrung dafür, dass hinter der sogenannten Erfahrung (die wir so wichtig nehmen) alles schon anders geworden ist in der wahren und entscheidenden Tiefe aller Dinge. Seine Auferstehung ist wie das erste Ausbrechen eines Vulkans, das zeigt, dass im Innern der Welt schon das Feuer Gottes brennt, das alles zum seligen Glühen in seinem Lichte bringen wird. Er ist auferstanden, um zu zeigen: es hat schon begonnen. Schon schaffen von der Herzmitte der Welt aus, in die Er sterbend hinabdrang, die neuen Kräfte einer verklärten Erde, schon ist im Innersten aller Wirklichkeit die Vergeblichkeit, die Sünde und der Tod besiegt, und es braucht nur noch die kleine Weile, die wir die Geschichte post Christum natum nennen, bis überall und nicht nur im Leibe Jesu in Erscheinung tritt, was eigentlich schon geschehen ist. Weil Er nicht an den Symptomen der Oberfläche begann, die Welt zu heilen, zu retten und zu

verklären, sondern an der innersten Wurzel anfing, mei-
nen wir Wesen der Oberfläche, es sei nichts geschehen.
Weil die Wasser des Leidens und der Schuld dort noch
fließen, wo wir stehen, wähnen wir, ihre Quellkammern
in der Tiefe seien noch nicht versiegt. Weil die Bosheit
noch immer neue Runen in das Angesicht der Erde
zeichnet, schließen wir, im tiefsten Herzen der Wirklich-
keit sei die Liebe gestorben. Aber es ist alles nur Schein.
Der Schein, den wir für die Realität des Lebens halten.

Er ist auferstanden, weil Er die innerste Mitte allen
irdischen Seins im Tod für ewig erobert und erlöst hat.
Und auferstanden hat Er sie behalten. Und so ist Er
geblieben." (Karl Rahner: Kleines Kirchenjahr,
Innsbruck 1954, 87–90)